ARABISCH

WORTSCHATZ

FÜR DAS SELBSTSTUDIUM

DEUTSCH ARABISCH

Die nützlichsten Wörter
Zur Erweiterung Ihres Wortschatzes und
Verbesserung der Sprachfertigkeit

7000 Wörter

Wortschatz Deutsch-Arabisch für das Selbststudium - 7000 Wörter
Von Andrey Taranov

T&P Books Vokabelbücher sind dafür vorgesehen, beim Lernen einer Fremdsprache zu helfen, Wörter zu memorieren und zu wiederholen. Das Wörterbuch ist nach Themen aufgeteilt und deckt alle wichtigen Bereiche des täglichen Lebens, Berufs, Wissenschaft, Kultur etc. ab.

Durch das Benutzen der themenbezogenen T&P Books ergeben sich folgende Vorteile für den Lernprozess:

- Sachgemäß geordnete Informationen bestimmen den späteren Erfolg auf den darauffolgenden Stufen der Memorisierung
- Die Verfügbarkeit von Wörtern, die sich aus der gleichen Wurzel ableiten lassen, erlaubt die Memorisierung von Worteinheiten (mehr als bei einzeln stehenden Wörtern)
- Kleine Worteinheiten unterstützen den Aufbauprozess von assoziativen Verbindungen für die Festigung des Wortschatzes
- Die Kenntnis der Sprache kann aufgrund der Anzahl der gelernten Wörter eingeschätzt werden

T&P Books Publishing
www.tpbooks.com

ISBN: 978-1-78716-760-5

Dieses Buch ist auch im E-Book Format erhältlich.
Besuchen Sie uns auch auf www.tpbooks.com oder auf einer der bedeutenden Buchhandlungen online.

WORTSCHATZ DEUTSCH-ARABISCH
für das Selbststudium

Die Vokabelbücher von T&P Books sind dafür vorgesehen, Ihnen beim Lernen einer Fremdsprache zu helfen, Wörter zu memorieren und zu wiederholen. Der Wortschatz enthält über 7000 häufig gebrauchte, thematisch geordnete Wörter.

- Der Wortschatz enthält die am häufigsten benutzten Wörter
- Eignet sich als Ergänzung zu jedem Sprachkurs
- Erfüllt die Bedürfnisse von Anfängern und fortgeschrittenen Lernenden von Fremdsprachen
- Praktisch für den täglichen Gebrauch, zur Wiederholung und um sich selbst zu testen
- Ermöglicht es, Ihren Wortschatz einzuschätzen

Besondere Merkmale des Wortschatzes:

- Wörter sind entsprechend ihrer Bedeutung und nicht alphabetisch organisiert
- Wörter werden in drei Spalten präsentiert, um das Wiederholen und den Selbstüberprüfungsprozess zu erleichtern
- Wortgruppen werden in kleinere Einheiten aufgespalten, um den Lernprozess zu fördern
- Der Wortschatz bietet eine praktische und einfache Lautschrift jedes Wortes der Fremdsprache

Der Wortschatz hat 198 Themen, einschließlich:

Grundbegriffe, Zahlen, Farben, Monate, Jahreszeiten, Maßeinheiten, Kleidung und Accessoires, Essen und Ernährung, Restaurant, Familienangehörige, Verwandte, Charaktereigenschaften, Empfindungen, Gefühle, Krankheiten, Großstadt, Kleinstadt, Sehenswürdigkeiten, Einkaufen, Geld, Haus, Zuhause, Büro, Import & Export, Marketing, Arbeitssuche, Sport, Ausbildung, Computer, Internet, Werkzeug, Natur, Länder, Nationalitäten und vieles mehr...

INHALT

LEITFADEN FÜR DIE AUSSPRACHE

T&P phonetisches Alphabet	Arabisch Beispiel	Deutsch Beispiel
[a]	[ṭaffa] طفّى	schwarz
[ā]	[iχtār] إختار	Zahlwort
[e]	[hamburger] هامبورجر	Pferde
[i]	[zifāf] زفاف	ihr, finden
[ī]	[abrīl] أبريل	Wieviel
[u]	[kalkutta] كلكتا	kurz
[ū]	[ʒāmūs] جاموس	über
[b]	[bidāya] بداية	Brille
[d]	[sa'āda] سعادة	Detektiv
[ḍ]	[waḍʻ] وضع	pharyngalisiert [d]
[ʒ]	[arʒantīn] الأرجنتين	Regisseur
[ð]	[tiðkār] تذكار	Motherboard
[ẓ]	[ẓahar] ظهر	pharyngalisiert [z]
[f]	[χafīf] خفيف	fünf
[g]	[gūlf] جولف	gelb
[h]	[ittiʒāh] إتّجاه	brauchbar
[ḥ]	[aḥabb] أحبّ	pharyngalisiert [h]
[y]	[ðahabiy] ذهبيّ	Jacke
[k]	[kursiy] كرسيّ	Kalender
[l]	[lamaḥ] لمح	Juli
[m]	[marṣad] مرصد	Mitte
[n]	[ʒanūb] جنوب	Vorhang
[p]	[kaputʃīnu] كابتشينو	Polizei
[q]	[waθiq] وثق	Kobra
[r]	[rūḥ] روح	richtig
[s]	[suχriyya] سخريّة	sein
[ṣ]	[mi'ṣam] معصم	pharyngalisiert [s]
[ʃ]	['aʃā'] عشاء	Chance
[t]	[tannūb] تنّوب	still
[ṭ]	[χarīṭa] خريطة	pharyngalisiert [t]
[θ]	[mamūθ] ماموث	stimmloser th-Laut
[v]	[vitnām] فيتنام	November
[w]	[waddaʻ] ودّع	schwanger
[χ]	[baχīl] بخيل	billig
[ɣ]	[taɣadda] تغدّى	Vogel (Berlinerisch)
[z]	[mā'iz] ماعز	sein
['] (ayn)	[sab'a] سبعة	stimmhafte pharyngale Frikativ
['] (hamza)	[sa'al] سأل	Glottisschlag

ABKÜRZUNGEN
die im Vokabular verwendet werden

Arabisch. Abkürzungen

du	-	Plural-Nomen-(doppelt)
f	-	Femininum
m	-	Maskulinum
pl	-	Plural

Deutsch. Abkürzungen

Adj	-	Adjektiv
Adv	-	Adverb
Amtsspr.	-	Amtssprache
f	-	Femininum
f, n	-	Femininum, Neutrum
Fem.	-	Femininum
m	-	Maskulinum
m, f	-	Maskulinum, Femininum
m, n	-	Maskulinum, Neutrum
Mask.	-	Maskulinum
n	-	Neutrum
pl	-	Plural
Sg.	-	Singular
ugs.	-	umgangssprachlich
unzähl.	-	unzählbar
usw.	-	und so weiter
v mod	-	Modalverb
vi	-	intransitives Verb
vi, vt	-	intransitives, transitives Verb
vt	-	transitives Verb
zähl.	-	zählbar
z.B.	-	zum Beispiel

GRUNDBEGRIFFE

Grundbegriffe. Teil 1

1. Pronomen

ich	ana	أنا
du (Mask.)	anta	أنتَ
du (Fem.)	anti	أنتِ
er	huwa	هو
sie	hiya	هي
wir	naḥnu	نحن
ihr	antum	أنتم
sie	hum	هم

2. Grüße. Begrüßungen. Verabschiedungen

Hallo! (Amtsspr.)	as salāmu ʿalaykum!	السلام عليكم!
Guten Morgen!	ṣabāḥ al χayr!	صباح الخير!
Guten Tag!	nahārak saʿīd!	نهارك سعيد!
Guten Abend!	masāʾ al χayr!	مساء الخير!
grüßen (vi, vt)	sallam	سلّم
Hallo! (ugs.)	salām!	سلام!
Gruß (m)	salām (m)	سلام
begrüßen (vt)	sallam ʿala	سلّم على
Wie geht's?	kayfa ḥāluka?	كيف حالك؟
Was gibt es Neues?	ma aχbārak?	ما أخبارك؟
Auf Wiedersehen!	maʿ as salāma!	مع السلامة!
Bis bald!	ilal liqāʾ!	إلى اللقاء!
Lebe wohl! Leben Sie wohl!	maʿ as salāma!	مع السلامة!
sich verabschieden	waddaʿ	ودّع
Tschüs!	bay bay!	باي باي!
Danke!	ʃukran!	شكرًا!
Dankeschön!	ʃukran ʒazīlan!	شكرًا جزيلًا!
Bitte (Antwort)	ʿafwan	عفوًا
Keine Ursache.	la ʃukr ʿala wāʒib	لا شكر على واجب
Nichts zu danken.	al ʿafw	العفو
Entschuldige!	ʿan iðnak!	عن أذنك!
Entschuldigung!	ʿafwan!	عفوًا!
entschuldigen (vt)	ʿaðar	عذر
sich entschuldigen	iʿtaðar	إعتذر
Verzeihung!	ana ʾāsif	أنا آسف

Es tut mir leid!	la tu'āχiðni!	لا تؤاخذني!
verzeihen (vt)	ʿafa	عفا
bitte (Die Rechnung, ~!)	min faḍlak	من فضلك
Nicht vergessen!	la tansa!	لا تنس!
Natürlich!	ṭabʿan!	طبعًا!
Natürlich nicht!	abadan!	أبدًا!
Gut! Okay!	ittafaqna!	إتّفقنا!
Es ist genug!	kifāya!	كفاية!

3. Grundzahlen. Teil 1

null	ṣifr	صفر
eins	wāḥid	واحد
eine	wāḥida	واحدة
zwei	iθnān	إثنان
drei	θalāθa	ثلاثة
vier	arbaʿa	أربعة
fünf	χamsa	خمسة
sechs	sitta	ستّة
sieben	sabʿa	سبعة
acht	θamāniya	ثمانية
neun	tisʿa	تسعة
zehn	ʿaʃara	عشرة
elf	aḥad ʿaʃar	أحد عشر
zwölf	iθnā ʿaʃar	إثنا عشر
dreizehn	θalāθat ʿaʃar	ثلاثة عشر
vierzehn	arbaʿat ʿaʃar	أربعة عشر
fünfzehn	χamsat ʿaʃar	خمسة عشر
sechzehn	sittat ʿaʃar	ستّة عشر
siebzehn	sabʿat ʿaʃar	سبعة عشر
achtzehn	θamāniyat ʿaʃar	ثمانية عشر
neunzehn	tisʿat ʿaʃar	تسعة عشر
zwanzig	ʿiʃrūn	عشرون
einundzwanzig	wāḥid wa ʿiʃrūn	واحد وعشرون
zweiundzwanzig	iθnān wa ʿiʃrūn	إثنان وعشرون
dreiundzwanzig	θalāθa wa ʿiʃrūn	ثلاثة وعشرون
dreißig	θalāθīn	ثلاثون
einunddreißig	wāḥid wa θalāθūn	واحد وثلاثون
zweiunddreißig	iθnān wa θalāθūn	إثنان وثلاثون
dreiunddreißig	θalāθa wa θalāθūn	ثلاثة وثلاثون
vierzig	arbaʿūn	أربعون
einundvierzig	wāḥid wa arbaʿūn	واحد وأربعون
zweiundvierzig	iθnān wa arbaʿūn	إثنان وأربعون
dreiundvierzig	θalāθa wa arbaʿūn	ثلاثة وأربعون
fünfzig	χamsūn	خمسون
einundfünfzig	wāḥid wa χamsūn	واحد وخمسون

zweiundfünfzig	iθnān wa χamsūn	إثنان وخمسون
dreiundfünfzig	θalāθa wa χamsūn	ثلاثة وخمسون
sechzig	sittūn	ستّون
einundsechzig	wāḥid wa sittūn	واحد وستّون
zweiundsechzig	iθnān wa sittūn	إثنان وستّون
dreiundsechzig	θalāθa wa sittūn	ثلاثة وستّون
siebzig	sab'ūn	سبعون
einundsiebzig	wāḥid wa sab'ūn	واحد وسبعون
zweiundsiebzig	iθnān wa sab'ūn	إثنان وسبعون
dreiundsiebzig	θalāθa wa sab'ūn	ثلاثة وسبعون
achtzig	θamānūn	ثمانون
einundachtzig	wāḥid wa θamānūn	واحد وثمانون
zweiundachtzig	iθnān wa θamānūn	إثنان وثمانون
dreiundachtzig	θalāθa wa θamānūn	ثلاثة وثمانون
neunzig	tis'ūn	تسعون
einundneunzig	wāḥid wa tis'ūn	واحد وتسعون
zweiundneunzig	iθnān wa tis'ūn	إثنان وتسعون
dreiundneunzig	θalāθa wa tis'ūn	ثلاثة وتسعون

4. Grundzahlen. Teil 2

einhundert	mi'a	مائة
zweihundert	mi'atān	مائتان
dreihundert	θalāθumi'a	ثلاثمائة
vierhundert	rub'umi'a	أربعمائة
fünfhundert	χamsumi'a	خمسمائة
sechshundert	sittumi'a	ستّمائة
siebenhundert	sab'umi'a	سبعمائة
achthundert	θamānimi'a	ثمانمائة
neunhundert	tis'umi'a	تسعمائة
eintausend	alf	ألف
zweitausend	alfān	ألفان
dreitausend	θalāθat 'ālāf	ثلاثة آلاف
zehntausend	'aʃarat 'ālāf	عشرة آلاف
hunderttausend	mi'at alf	مائة ألف
Million (f)	milyūn (m)	مليون
Milliarde (f)	milyār (m)	مليار

5. Zahlen. Brüche

Bruch (m)	kasr (m)	كسر
Hälfte (f)	niṣf	نصف
Drittel (n)	θulθ	ثلث
Viertel (n)	rub'	ربع
Achtel (m, n)	θumn	ثمن
Zehntel (n)	'uʃr	عشر

zwei Drittel	θulθān	ثلثان
drei Viertel	talātit arbāʿ	ثلاثة أرباع

6. Zahlen. Grundrechenarten

Subtraktion (f)	ṭarḥ (m)	طرح
subtrahieren (vt)	ṭaraḥ	طرح
Division (f)	qisma (f)	قسمة
dividieren (vt)	qasam	قسم
Addition (f)	ʒamʿ (m)	جمع
addieren (vt)	ʒamaʿ	جمع
hinzufügen (vt)	ʒamaʿ	جمع
Multiplikation (f)	ḍarb (m)	ضرب
multiplizieren (vt)	ḍarab	ضرب

7. Zahlen. Verschiedenes

Ziffer (f)	raqm (m)	رقم
Zahl (f)	ʿadad (m)	عدد
Zahlwort (n)	ism al ʿadad (m)	إسم العدد
Minus (n)	nāqiṣ (m)	ناقص
Plus (n)	zāʾid (m)	زائد
Formel (f)	ṣīɣa (f)	صيغة
Berechnung (f)	ḥisāb (m)	حساب
zählen (vt)	ʿadd	عدّ
berechnen (vt)	ḥasab	حسب
vergleichen (vt)	qāran	قارن
Wie viel, -e?	kam?	كم؟
Summe (f)	maʒmūʿ (m)	مجموع
Ergebnis (n)	natīʒa (f)	نتيجة
Rest (m)	al bāqi (m)	الباقي
einige (~ Tage)	ʿiddat	عدّة
wenig (Adv)	qalīl	قليل
Übrige (n)	al bāqi (m)	الباقي
anderthalb	wāḥid wa niṣf (m)	واحد ونصف
Dutzend (n)	iθnā ʿaʃar (f)	إثنا عشر
entzwei (Adv)	ila ʃaṭrayn	إلى شطرين
zu gleichen Teilen	bit tasāwi	بالتساوى
Hälfte (f)	niṣf (m)	نصف
Mal (n)	marra (f)	مرّة

8. Die wichtigsten Verben. Teil 1

abbiegen (nach links ~)	inʿaṭaf	إنعطف
abschicken (vt)	arsal	أرسل

ändern (vt)	ɣayyar	غيّر
andeuten (vt)	a'ṭa talmīḥ	أعطى تلميحًا
Angst haben	χāf	خاف
ankommen (vi)	waṣal	وصل
antworten (vi)	aʒāb	أجاب
arbeiten (vi)	'amal	عمل
auf ... zählen	i'tamad 'ala ...	إعتمد على...
aufbewahren (vt)	ḥafaẓ	حفظ
aufschreiben (vt)	katab	كتب
ausgehen (vi)	χaraʒ	خرج
aussprechen (vt)	naṭaq	نطق
bedauern (vt)	nadim	ندم
bedeuten (vt)	'ana	عنى
beenden (vt)	atamm	أتمّ
befehlen (Milit.)	amar	أمر
befreien (Stadt usw.)	ḥarrar	حرّر
beginnen (vt)	bada'	بدأ
bemerken (vt)	lāḥaẓ	لاحظ
beobachten (vt)	rāqab	راقب
berühren (vt)	lamas	لمس
besitzen (vt)	malak	ملك
besprechen (vt)	nāqaʃ	ناقش
bestehen auf	aṣarr	أصرّ
bestellen (im Restaurant)	ṭalab	طلب
bestrafen (vt)	'āqab	عاقب
beten (vi)	ṣalla	صلّى
bitten (vt)	ṭalab	طلب
brechen (vt)	kasar	كسر
denken (vi, vt)	ẓann	ظنّ
drohen (vi)	haddad	هدّد
Durst haben	arād an yaʃrab	أراد أن يشرب
einladen (vt)	da'a	دعا
einstellen (vt)	tawaqqaf	توقّف
einwenden (vt)	i'taraḍ	إعترض
empfehlen (vt)	naṣaḥ	نصح
erklären (vt)	ʃaraḥ	شرح
erlauben (vt)	raχχaṣ	رخّص
ermorden (vt)	qatal	قتل
erwähnen (vt)	ðakar	ذكر
existieren (vi)	kān mawʒūd	كان موجودًا

9. Die wichtigsten Verben. Teil 2

fallen (vi)	saqaṭ	سقط
fallen lassen	awqa'	أوقع
fangen (vt)	amsak	أمسك
finden (vt)	waʒad	وجد

fliegen (vi)	ṭār	طار
folgen (Folge mir!)	taba'	تبع
fortsetzen (vt)	istamarr	إستمرّ
fragen (vt)	sa'al	سأل
frühstücken (vi)	aftar	أفطر
geben (vt)	a'ṭa	أعطى
gefallen (vi)	a'ʒab	أعجب
gehen (zu Fuß gehen)	maʃa	مشى
gehören (vi)	χaṣṣ	خصّ
graben (vt)	ḥafar	حفر
haben (vt)	malak	ملك
helfen (vi)	sā'ad	ساعد
herabsteigen (vi)	nazil	نزل
hereinkommen (vi)	daχal	دخل
hoffen (vi)	tamanna	تمنّى
hören (vt)	sami'	سمع
hungrig sein	arād an ya'kul	أراد أن يأكل
informieren (vt)	aχbar	أخبر
jagen (vi)	iṣṭād	إصطاد
kennen (vt)	'araf	عرف
klagen (vi)	ʃaka	شكا
können (v mod)	istaṭā'	إستطاع
kontrollieren (vt)	taḥakkam	تحكّم
kosten (vt)	kallaf	كلّف
kränken (vt)	ahān	أهان
lächeln (vi)	ibtasam	إبتسم
lachen (vi)	ḍaḥik	ضحك
laufen (vi)	ʒara	جرى
leiten (Betrieb usw.)	adār	أدار
lernen (vt)	daras	درس
lesen (vi, vt)	qara'	قرأ
lieben (vt)	aḥabb	أحبّ
machen (vt)	'amal	عمل
mieten (Haus usw.)	ista'ʒar	إستأجر
nehmen (vt)	aχað	أخذ
noch einmal sagen	karrar	كرّر
nötig sein	kān maṭlūb	كان مطلوبا
öffnen (vt)	fataḥ	فتح

10. Die wichtigsten Verben. Teil 3

planen (vt)	χaṭṭaṭ	خطّط
prahlen (vi)	tabāha	تباهى
raten (vt)	naṣaḥ	نصح
rechnen (vt)	'add	عدّ
reservieren (vt)	ḥaʒaz	حجز
retten (vt)	anqað	أنقذ

richtig raten (vt)	χamman	خمّن
rufen (um Hilfe ~)	istaɣāθ	إستغاث
sagen (vt)	qāl	قال
schaffen (Etwas Neues zu ~)	χalaq	خلق
schelten (vt)	wabbaχ	وبّخ
schießen (vi)	aṭlaq an nār	أطلق النار
schmücken (vt)	zayyan	زيّن
schreiben (vi, vt)	katab	كتب
schreien (vi)	ṣaraχ	صرخ
schweigen (vi)	sakat	سكت
schwimmen (vi)	sabaḥ	سبح
schwimmen gehen	sabaḥ	سبح
sehen (vi, vt)	ra'a	رأى
sein (vi)	kān	كان
sich beeilen	ista'ʒal	إستعجل
sich entschuldigen	i'taðar	إعتذر
sich interessieren	ihtamm	إهتمّ
sich irren	aχṭa'	أخطأ
sich setzen	ʒalas	جلس
sich weigern	rafaḍ	رفض
spielen (vi, vt)	la'ib	لعب
sprechen (vi)	takallam	تكلّم
staunen (vi)	indahaʃ	إندهش
stehlen (vt)	saraq	سرق
stoppen (vt)	waqaf	وقف
suchen (vt)	baḥaθ	بحث

11. Die wichtigsten Verben. Teil 4

täuschen (vt)	χada'	خدع
teilnehmen (vi)	iʃtarak	إشترك
übersetzen (Buch usw.)	tarʒam	ترجم
unterschätzen (vt)	istaχaff	إستخفّ
unterschreiben (vt)	waqqa'	وقّع
vereinigen (vt)	waḥḥad	وحّد
vergessen (vt)	nasiy	نسي
vergleichen (vt)	qāran	قارن
verkaufen (vt)	bā'	باع
verlangen (vt)	ṭālib	طالب
versäumen (vt)	ɣāb	غاب
versprechen (vt)	wa'ad	وعد
verstecken (vt)	χaba'	خبأ
verstehen (vt)	fahim	فهم
versuchen (vt)	ḥāwal	حاول
verteidigen (vt)	dāfa'	دافع
vertrauen (vi)	waθiq	وثق

verwechseln (vt)	iχtalaṭ	إختلط
verzeihen (vt)	ʿafa	عفا
voraussehen (vt)	tanabbaʾ	تنبّأ
vorschlagen (vt)	iqtaraḥ	إقترح
vorziehen (vt)	faḍḍal	فضّل
wählen (vt)	iχtār	إختار
warnen (vt)	ḥaððar	حذّر
warten (vi)	intaẓar	إنتظر
weinen (vi)	baka	بكى
wissen (vt)	ʿaraf	عرف
Witz machen	mazaḥ	مزح
wollen (vt)	arād	أراد
zahlen (vt)	dafaʿ	دفع
zeigen (jemandem etwas)	ʿaraḍ	عرض
zu Abend essen	taʿaʃʃa	تعشّى
zu Mittag essen	taɣadda	تغدّى
zubereiten (vt)	ḥaḍḍar	حضّر
zustimmen (vi)	ittafaq	إتّفق
zweifeln (vi)	ʃakk fi	شكّ في

12. Farben

Farbe (f)	lawn (m)	لون
Schattierung (f)	daraʒat al lawn (m)	درجة اللون
Farbton (m)	ṣabɣit lūn (f)	لون
Regenbogen (m)	qaws quzaḥ (m)	قوس قزح
weiß	abyaḍ	أبيض
schwarz	aswad	أسود
grau	ramādiy	رماديّ
grün	aχḍar	أخضر
gelb	aṣfar	أصفر
rot	aḥmar	أحمر
blau	azraq	أزرق
hellblau	azraq fātiḥ	أزرق فاتح
rosa	wardiy	ورديّ
orange	burtuqāliy	برتقاليّ
violett	banafsaʒiy	بنفسجيّ
braun	bunniy	بنّيّ
golden	ðahabiy	ذهبيّ
silbrig	fiḍḍiy	فضيّ
beige	bɛ:ʒ	بيج
cremefarben	ʿāʒiy	عاجيّ
türkis	fayrūziy	فيروزيّ
kirschrot	karaziy	كرزيّ
lila	laylakiy	ليلكيّ
himbeerrot	qirmiziy	قرمزيّ

hell	fātiḥ	فاتح
dunkel	ɣāmiq	غامق
grell	zāhi	زاه
Farb- (z.B. -stifte)	mulawwan	ملوّن
Farb- (z.B. -film)	mulawwan	ملوّن
schwarz-weiß	abyaḍ wa aswad	أبيض وأسود
einfarbig	waḥīd al lawn, sāda	وحيد اللون, سادة
bunt	muta'addid al alwān	متعدّد الألوان

13. Fragen

Wer?	man?	من؟
Was?	māða?	ماذا؟
Wo?	ayna?	أين؟
Wohin?	ila ayna?	إلى أين؟
Woher?	min ayna?	من أين؟
Wann?	mata?	متى؟
Wozu?	li māða?	لماذا؟
Warum?	li māða?	لماذا؟
Wofür?	li māða?	لماذا؟
Wie?	kayfa?	كيف؟
Welcher?	ay?	أي؟
Wem?	li man?	لمن؟
Über wen?	'amman?	عمّن؟
Wovon? (~ sprichst du?)	'amma?	عمّا؟
Mit wem?	ma' man?	مع من؟
Wie viel? Wie viele?	kam?	كم؟
Wessen?	li man?	لمن؟

14. Funktionswörter. Adverbien. Teil 1

Wo?	ayna?	أين؟
hier	huna	هنا
dort	hunāk	هناك
irgendwo	fi makānin ma	في مكان ما
nirgends	la fi ay makān	لا في أي مكان
an (bei)	bi ʒānib	بجانب
am Fenster	bi ʒānib aʃ ʃubbāk	بجانب الشبّاك
Wohin?	ila ayna?	إلى أين؟
hierher	huna	هنا
dahin	hunāk	هناك
von hier	min huna	من هنا
von da	min hunāk	من هناك
nah (Adv)	qarīban	قريبًا
weit, fern (Adv)	ba'īdan	بعيدًا

in der Nähe von ...	ʿind	عند
in der Nähe	qarīban	قريبًا
unweit (~ unseres Hotels)	ɣayr baʿīd	غير بعيد
link (Adj)	al yasār	اليسار
links (Adv)	ʿalaʃ ʃimāl	على الشمال
nach links	ilaʃ ʃimāl	إلى الشمال
recht (Adj)	al yamīn	اليمين
rechts (Adv)	ʿalal yamīn	على اليمين
nach rechts	Ilal yamīn	إلى اليمين
vorne (Adv)	min al amām	من الأمام
Vorder-	amāmiy	أماميّ
vorwärts	ilal amām	إلى الأمام
hinten (Adv)	warāʾ	وراء
von hinten	min al warāʾ	من الوراء
rückwärts (Adv)	ilal warāʾ	إلى الوراء
Mitte (f)	wasaṭ (m)	وسط
in der Mitte	fil wasat	في الوسط
seitlich (Adv)	bi ʒānib	بجانب
überall (Adv)	fi kull makān	في كل مكان
ringsherum (Adv)	ḥawl	حول
von innen (Adv)	min ad dāχil	من الداخل
irgendwohin (Adv)	ila ayy makān	إلى أيّ مكان
geradeaus (Adv)	bi aqṣar ṭarīq	بأقصر طريق
zurück (Adv)	ʾīyāban	إيابًا
irgendwoher (Adv)	min ayy makān	من أي مكان
von irgendwo (Adv)	min makānin ma	من مكان ما
erstens	awwalan	أوّلًا
zweitens	θāniyan	ثانيًا
drittens	θāliθan	ثالثًا
plötzlich (Adv)	faʒʾa	فجأة
zuerst (Adv)	fil bidāya	في البداية
zum ersten Mal	li ʾawwal marra	لأوّل مرّة
lange vor...	qabl ... bi mudda ṭawīla	قبل...بمدّة طويلة
von Anfang an	min ʒadīd	من جديد
für immer	ilal abad	إلى الأبد
nie (Adv)	abadan	أبدًا
wieder (Adv)	min ʒadīd	من جديد
jetzt (Adv)	al ʾān	الآن
oft (Adv)	kaθīran	كثيرًا
damals (Adv)	fi ðalika al waqt	في ذلك الوقت
dringend (Adv)	ʿāʒilan	عاجلًا
gewöhnlich (Adv)	kal ʿāda	كالعادة
übrigens, ...	ʿala fikra ...	على فكرة...
möglicherweise (Adv)	min al mumkin	من الممكن

wahrscheinlich (Adv)	laʿalla	لعلّ
vielleicht (Adv)	min al mumkin	من الممكن
außerdem ...	bil iḍāfa ila ðalik ...	بالإضافة إلى...
deshalb ...	li ðalik	لذلك
trotz ...	bir raɣm min ...	بالرغم من...
dank ...	bi faḍl ...	بفضل...
was (~ ist denn?)	allaði	الذي
das (~ ist alles)	anna	أنّ
etwas	ʃay' (m)	شيء
irgendwas	ʃay' (m)	شيء
nichts	la ʃay'	لا شيء
wer (~ ist ~?)	allaði	الذي
jemand	aḥad	أحد
irgendwer	aḥad	أحد
niemand	la aḥad	لا أحد
nirgends	la ila ay makān	لا إلى أي مكان
niemandes (~ Eigentum)	la yaχuṣṣ aḥad	لا يخص أحدًا
jemandes	li aḥad	لأحد
so (derart)	hakaða	هكذا
auch	kaðalika	كذلك
ebenfalls	ayḍan	أيضًا

15. Funktionswörter. Adverbien. Teil 2

Warum?	li māða?	لماذا؟
aus irgendeinem Grund	li sababin ma	لسبب ما
weil ...	li'anna ...	لأنّ...
zu irgendeinem Zweck	li amr mā	لأمر ما
und	wa	و
oder	aw	أو
aber	lakin	لكن
für (präp)	li	لـ
zu (~ viele)	kaθīran ʒiddan	كثير جدًا
nur (~ einmal)	faqaṭ	فقط
genau (Adv)	biḍ ḍabṭ	بالضبط
etwa	naḥw	نحو
ungefähr (Adv)	taqrīban	تقريبًا
ungefähr (Adj)	taqrībiy	تقريبيّ
fast	taqrīban	تقريبًا
Übrige (n)	al bāqi (m)	الباقي
jeder (~ Mann)	kull	كلّ
beliebig (Adj)	ayy	أيّ
viel	kaθīr	كثير
viele Menschen	kaθīr min an nās	كثير من الناس
alle (wir ~)	kull an nās	كل الناس
im Austausch gegen ...	muqābil ...	مقابل...

dafür (Adv)	muqābil	مقابل
mit der Hand (Hand-)	bil yad	باليد
schwerlich (Adv)	hayhāt	هيهات
wahrscheinlich (Adv)	la'alla	لعلّ
absichtlich (Adv)	qaṣdan	قصدا
zufällig (Adv)	ṣudfa	صدفة
sehr (Adv)	ʒiddan	جدًا
zum Beispiel	maθalan	مثلًا
zwischen	bayn	بين
unter (Wir sind ~ Mördern)	bayn	بين
so viele (~ Ideen)	haðihi al kammiyya	هذه الكمية
besonders (Adv)	χāṣṣa	خاصّة

Grundbegriffe. Teil 2

16. Wochentage

Montag (m)	yawm al iθnayn (m)	يوم الإثنين
Dienstag (m)	yawm aθ θulāθā' (m)	يوم الثلاثاء
Mittwoch (m)	yawm al arbi'ā' (m)	يوم الأربعاء
Donnerstag (m)	yawm al χamīs (m)	يوم الخميس
Freitag (m)	yawm al ʒum'a (m)	يوم الجمعة
Samstag (m)	yawm as sabt (m)	يوم السبت
Sonntag (m)	yawm al aḥad (m)	يوم الأحد
heute	al yawm	اليوم
morgen	ɣadan	غدًا
übermorgen	ba'd ɣad	بعد غد
gestern	ams	أمس
vorgestern	awwal ams	أوّل أمس
Tag (m)	yawm (m)	يوم
Arbeitstag (m)	yawm 'amal (m)	يوم عمل
Feiertag (m)	yawm al 'uṭla ar rasmiyya (m)	يوم العطلة الرسمية
freier Tag (m)	yawm 'uṭla (m)	يوم عطلة
Wochenende (n)	ayyām al 'uṭla (pl)	أيام العطلة
den ganzen Tag	ṭūl al yawm	طول اليوم
am nächsten Tag	fil yawm at tāli	في اليوم التالي
zwei Tage vorher	min yawmayn	قبل يومين
am Vortag	fil yawm as sābiq	في اليوم السابق
täglich (Adj)	yawmiy	يومي
täglich (Adv)	yawmiyyan	يوميًا
Woche (f)	usbū' (m)	أسبوع
letzte Woche	fil isbū' al māḍi	في الأسبوع الماضي
nächste Woche	fil isbū' al qādim	في الأسبوع القادم
wöchentlich (Adj)	usbū'iy	أسبوعي
wöchentlich (Adv)	usbū'iyyan	أسبوعيًا
zweimal pro Woche	marratayn fil usbū'	مرّتين في الأسبوع
jeden Dienstag	kull yawm aθ θulaθā'	كل يوم الثلاثاء

17. Stunden. Tag und Nacht

Morgen (m)	ṣabāḥ (m)	صباح
morgens	fiṣ ṣabāḥ	في الصباح
Mittag (m)	ẓuhr (m)	ظهر
nachmittags	ba'd aẓ ẓuhr	بعد الظهر
Abend (m)	masā' (m)	مساء
abends	fil masā'	في المساء

Nacht (f)	layl (m)	ليل
nachts	bil layl	بالليل
Mitternacht (f)	muntaṣif al layl (m)	منتصف الليل
Sekunde (f)	θāniya (f)	ثانية
Minute (f)	daqīqa (f)	دقيقة
Stunde (f)	sāʿa (f)	ساعة
eine halbe Stunde	niṣf sāʿa (m)	نصف ساعة
Viertelstunde (f)	rubʿ sāʿa (f)	ربع ساعة
fünfzehn Minuten	χamsat ʿaʃar daqīqa	خمس عشرة دقيقة
Tag und Nacht	yawm kāmil (m)	يوم كامل
Sonnenaufgang (m)	ʃurūq aʃ ʃams (m)	شروق الشمس
Morgendämmerung (f)	faʒr (m)	فجر
früher Morgen (m)	ṣabāḥ bākir (m)	صباح باكر
Sonnenuntergang (m)	ɣurūb aʃ ʃams (m)	غروب الشمس
früh am Morgen	fis ṣabāḥ al bākir	في الصباح الباكر
heute Morgen	al yawm fiṣ ṣabāḥ	اليوم في الصباح
morgen früh	ɣadan fiṣ ṣabāḥ	غدًا في الصباح
heute Mittag	al yawm baʿd aẓ ẓuhr	اليوم بعد الظهر
nachmittags	baʿd aẓ ẓuhr	بعد الظهر
morgen Nachmittag	ɣadan baʿd aẓ ẓuhr	غدًا بعد الظهر
heute Abend	al yawm fil masāʾ	اليوم في المساء
morgen Abend	ɣadan fil masāʾ	غدًا في المساء
Punkt drei Uhr	fis sāʿa aθ θāliθa tamāman	في الساعة الثالثة تماما
gegen vier Uhr	fis sāʿa ar rābiʿa taqrīban	في الساعة الرابعة تقريبا
um zwölf Uhr	ḥattas sāʿa aθ θāniya ʿaʃara	حتى الساعة الثانية عشرة
in zwanzig Minuten	baʿd ʿiʃrīn daqīqa	بعد عشرين دقيقة
in einer Stunde	baʿd sāʿa	بعد ساعة
rechtzeitig (Adv)	fi mawʿidih	في موعده
Viertel vor ...	illa rubʿ	إلا ربع
innerhalb einer Stunde	ṭiwāl sāʿa	طوال الساعة
alle fünfzehn Minuten	kull rubʿ sāʿa	كل ربع ساعة
Tag und Nacht	layl nahār	ليل نهار

18. Monate. Jahreszeiten

Januar (m)	yanāyir (m)	يناير
Februar (m)	fibrāyir (m)	فبراير
März (m)	māris (m)	مارس
April (m)	abrīl (m)	أبريل
Mai (m)	māyu (m)	مايو
Juni (m)	yūnyu (m)	يونيو
Juli (m)	yūlyu (m)	يوليو
August (m)	aɣusṭus (m)	أغسطس
September (m)	sibtambar (m)	سبتمبر
Oktober (m)	uktūbir (m)	أكتوبر
November (m)	nuvimbar (m)	نوفمبر

Dezember (m)	disimbar (m)	ديسمبر
Frühling (m)	rabīʿ (m)	ربيع
im Frühling	fir rabīʿ	في الربيع
Frühlings-	rabīʿiy	ربيعي
Sommer (m)	ṣayf (m)	صيف
im Sommer	fiṣ ṣayf	في الصيف
Sommer-	ṣayfiy	صيفي
Herbst (m)	χarīf (m)	خريف
im Herbst	fil χarīf	في الخريف
Herbst-	χarīfiy	خريفيّ
Winter (m)	ʃitā' (m)	شتاء
im Winter	fiʃ ʃitā'	في الشتاء
Winter-	ʃitawiy	شتويّ
Monat (m)	ʃahr (m)	شهر
in diesem Monat	fi haða aʃ ʃahr	في هذا الشهر
nächsten Monat	fiʃ ʃahr al qādim	في الشهر القادم
letzten Monat	fiʃ ʃahr al māḍi	في الشهر الماضي
vor einem Monat	qabl ʃahr	قبل شهر
über eine Monat	baʿd ʃahr	بعد شهر
in zwei Monaten	baʿd ʃahrayn	بعد شهرين
den ganzen Monat	ʃahr kāmil	شهر كامل
monatlich (Adj)	ʃahriy	شهريّ
monatlich (Adv)	kull ʃahr	كلّ شهر
jeden Monat	kull ʃahr	كلّ شهر
zweimal pro Monat	marratayn fiʃ ʃahr	مرّتين في الشهر
Jahr (n)	sana (f)	سنة
dieses Jahr	fi haðihi as sana	في هذه السنة
nächstes Jahr	fis sana al qādima	في السنة القادمة
voriges Jahr	fis sana al māḍiya	في السنة الماضية
vor einem Jahr	qabla sana	قبل سنة
in einem Jahr	baʿd sana	بعد سنة
in zwei Jahren	baʿd sanatayn	بعد سنتين
das ganze Jahr	sana kāmila	سنة كاملة
jedes Jahr	kull sana	كلّ سنة
jährlich (Adj)	sanawiy	سنويّ
jährlich (Adv)	kull sana	كلّ سنة
viermal pro Jahr	arbaʿ marrāt fis sana	أربع مرّات في السنة
Datum (heutige ~)	tarīχ (m)	تاريخ
Datum (Geburts-)	tarīχ (m)	تاريخ
Kalender (m)	taqwīm (m)	تقويم
ein halbes Jahr	niṣf sana (m)	نصف سنة
Halbjahr (n)	niṣf sana (m)	نصف سنة
Saison (f)	faṣl (m)	فصل
Jahrhundert (n)	qarn (m)	قرن

19. Zeit. Verschiedenes

Zeit (f)	waqt (m)	وقت
Augenblick (m)	laḥẓa (f)	لحظة
Moment (m)	laḥẓa (f)	لحظة
augenblicklich (Adj)	χāṭif	خاطف
Zeitspanne (f)	fatra (f)	فترة
Leben (n)	ḥayāt (f)	حياة
Ewigkeit (f)	abadiyya (f)	أبديّة
Epoche (f)	'ahd (m)	عهد
Ära (f)	'aṣr (m)	عصر
Zyklus (m)	dawra (f)	دورة
Periode (f)	fatra (f)	فترة
Frist (äußerste ~)	fatra (f)	فترة
Zukunft (f)	al mustaqbal (m)	المستقبل
zukünftig (Adj)	qādim	قادم
nächstes Mal	fil marra al qādima	في المرّة القادمة
Vergangenheit (f)	al māḍi (m)	الماضي
vorig (Adj)	māḍi	ماض
letztes Mal	fil marra al māḍiya	في المرّة الماضية
später (Adv)	fima ba'd	فيما بعد
danach	ba'd	بعد
zur Zeit	fi haðihi al ayyām	في هذه الأيام
jetzt	al 'ān	الآن
sofort	ḥālan	حالًا
bald	qarīban	قريبًا
im Voraus	muqaddaman	مقدّمًا
lange her	min zamān	من زمان
vor kurzem	min zaman qarīb	من زمان قريب
Schicksal (n)	maṣīr (m)	مصير
Erinnerungen (pl)	ðikra (f)	ذكرى
Archiv (n)	arʃif (m)	أرشيف
während ...	aθnā'...	أثناء...
lange (Adv)	li mudda ṭawīla	لمدّة طويلة
nicht lange (Adv)	li mudda qaṣīra	لمدّة قصيرة
früh (~ am Morgen)	bākiran	باكرًا
spät (Adv)	muta'aχχiran	متأخّرًا
für immer	lil abad	للأبد
beginnen (vt)	bada'	بدأ
verschieben (vt)	aʒʒal	أجّل
gleichzeitig	fi nafs al waqt	في نفس الوقت
ständig (Adv)	dā'iman	دائمًا
konstant (Adj)	mustamirr	مستمرّ
zeitweilig (Adj)	mu'aqqat	مؤقّت
manchmal	min ḥīn li 'āχar	من حين لآخر
selten (Adv)	nādiran	نادرًا
oft	kaθīran	كثيرًا

20. Gegenteile

reich (Adj)	ɣaniy	غنيّ
arm (Adj)	faqīr	فقير
krank (Adj)	marīḍ	مريض
gesund (Adj)	salīm	سليم
groß (Adj)	kabīr	كبير
klein (Adj)	ṣaɣīr	صغير
schnell (Adv)	bi surʿa	بسرعة
langsam (Adv)	bi buṭʾ	ببطء
schnell (Adj)	sarīʿ	سريع
langsam (Adj)	baṭīʾ	بطيء
froh (Adj)	farḥān	فرحان
traurig (Adj)	ḥazīn	حزين
zusammen	maʿan	معًا
getrennt (Adv)	bi mufradih	بمفرده
laut (~ lesen)	bi ṣawt ʿāli	بصوت عال
still (~ lesen)	sirran	سرًا
hoch (Adj)	ʿāli	عال
niedrig (Adj)	munxafiḍ	منخفض
tief (Adj)	ʿamīq	عميق
flach (Adj)	ḍaḥl	ضحل
ja	naʿam	نعم
nein	la	لا
fern (Adj)	baʿīd	بعيد
nah (Adj)	qarīb	قريب
weit (Adv)	baʿīdan	بعيدًا
nebenan (Adv)	qarīban	قريبًا
lang (Adj)	ṭawīl	طويل
kurz (Adj)	qaṣīr	قصير
gut (gütig)	ṭayyib	طيّب
böse (der ~ Geist)	ʃarīr	شرير
verheiratet (Ehemann)	mutazawwiʒ	متزوّج
ledig (Adj)	aʿzab	أعزب
verbieten (vt)	manaʿ	منع
erlauben (vt)	samaḥ	سمح
Ende (n)	nihāya (f)	نهاية
Anfang (m)	bidāya (f)	بداية

link (Adj)	al yasār	اليسار
recht (Adj)	al yamīn	اليمين
der erste	awwal	أوّل
der letzte	ʾāχir	آخر
Verbrechen (n)	ʒarīma (f)	جريمة
Bestrafung (f)	ʿuqūba (f), ʿiqāb (m)	عقوبة, عقاب
befehlen (vt)	amar	أمر
gehorchen (vi)	ṭāʿ	طاع
gerade (Adj)	mustaqīm	مستقيم
krumm (Adj)	munḥani	منحن
Paradies (n)	al ʒanna (f)	الجنّة
Hölle (f)	al ʒaḥīm (f)	الجحيم
geboren sein	wulid	وُلد
sterben (vi)	māt	مات
stark (Adj)	qawiy	قويّ
schwach (Adj)	ḍaʿīf	ضعيف
alt	ʿaʒūz	عجوز
jung (Adj)	ʃābb	شابّ
alt (Adj)	qadīm	قديم
neu (Adj)	ʒadīd	جديد
hart (Adj)	ṣalb	صلب
weich (Adj)	ṭariy	طريّ
warm (Adj)	dāfiʾ	دافئ
kalt (Adj)	bārid	بارد
dick (Adj)	θaχīn	ثخين
mager (Adj)	naḥīf	نحيف
eng (Adj)	ḍayyiq	ضيّق
breit (Adj)	wāsiʿ	واسع
gut (Adj)	ʒayyid	جيّد
schlecht (Adj)	sayyiʾ	سيّئ
tapfer (Adj)	ʃuʒāʿ	شجاع
feige (Adj)	ʒabān	جبان

21. Linien und Formen

Quadrat (n)	murabbaʿ (m)	مربّع
quadratisch	murabbaʿ	مربّع
Kreis (m)	dāʾira (f)	دائرة
rund	mudawwar	مدوّر

Dreieck (n)	muθallaθ (m)	مثلّث
dreieckig	muθallaθ	مثلّث
Oval (n)	bayḍawiy (m)	بيضويّ
oval	bayḍawiy	بيضويّ
Rechteck (n)	mustaṭīl (m)	مستطيل
rechteckig	mustaṭīliy	مستطيليّ
Pyramide (f)	haram (m)	هرم
Rhombus (m)	muʿayyan (m)	معيّن
Trapez (n)	murabbaʿ munḥarif (m)	مربّع منحرف
Würfel (m)	mukaʿʿab (m)	مكعّب
Prisma (n)	manʃūr (m)	منشور
Kreis (m)	muḥīṭ munḥanan muɣlaq (m)	محيط منحنى مغلق
Sphäre (f)	kura (f)	كرة
Kugel (f)	kura (f)	كرة
Durchmesser (m)	quṭr (m)	قطر
Radius (m)	niṣf qaṭr (m)	نصف قطر
Umfang (m)	muḥīṭ (m)	محيط
Zentrum (n)	wasaṭ (m)	وسط
waagerecht (Adj)	ufuqiy	أفقيّ
senkrecht (Adj)	ʿamūdiy	عموديّ
Parallele (f)	xaṭṭ mutawāzi (m)	خطّ متواز
parallel (Adj)	mutawāzi	متواز
Linie (f)	xaṭṭ (m)	خطّ
Strich (m)	ḥaraka (m)	حركة
Gerade (f)	xaṭṭ mustaqīm (m)	خط مستقيم
Kurve (f)	xaṭṭ munḥani (m)	خط منحن
dünn (schmal)	rafīʿ	رفيع
Kontur (f)	kuntūr (m)	كنتور
Schnittpunkt (m)	taqāṭuʿ (m)	تقاطع
rechter Winkel (m)	zāwya mustaqīma (f)	زاوية مستقيمة
Segment (n)	qiṭʿa (f)	قطعة
Sektor (m)	qiṭāʿ (m)	قطاع
Seite (f)	ḍilʿ (m)	ضلع
Winkel (m)	zāwiya (f)	زاوية

22. Maßeinheiten

Gewicht (n)	wazn (m)	وزن
Länge (f)	ṭūl (m)	طول
Breite (f)	ʿarḍ (m)	عرض
Höhe (f)	irtifāʿ (m)	إرتفاع
Tiefe (f)	ʿumq (m)	عمق
Volumen (n)	ḥaʒm (m)	حجم
Fläche (f)	misāḥa (f)	مساحة
Gramm (n)	grām (m)	جرام
Milligramm (n)	milliɣrām (m)	مليغرام
Kilo (n)	kiluɣrām (m)	كيلوغرام

Tonne (f)	ṭunn (m)	طنّ
Pfund (n)	raṭl (m)	رطل
Unze (f)	ūnṣa (f)	أونصة
Meter (m)	mitr (m)	متر
Millimeter (m)	millimitr (m)	ملّيمتر
Zentimeter (m)	santimitr (m)	سنتيمتر
Kilometer (m)	kilumitr (m)	كيلومتر
Meile (f)	mīl (m)	ميل
Zoll (m)	būṣa (f)	بوصة
Fuß (m)	qadam (f)	قدم
Yard (n)	yārda (f)	ياردة
Quadratmeter (m)	mitr murabba' (m)	متر مربّع
Hektar (n)	hiktār (m)	هكتار
Liter (m)	litr (m)	لتر
Grad (m)	daraʒa (f)	درجة
Volt (n)	vūlt (m)	فولت
Ampere (n)	ambīr (m)	أمبير
Pferdestärke (f)	ḥiṣān (m)	حصان
Anzahl (f)	kammiyya (f)	كمّيّة
etwas ...	qalīl ...	قليل...
Hälfte (f)	niṣf (m)	نصف
Dutzend (n)	iθnā 'aʃar (f)	إثنا عشر
Stück (n)	waḥda (f)	وحدة
Größe (f)	ḥaʒm (m)	حجم
Maßstab (m)	miqyās (m)	مقياس
minimal (Adj)	al adna	الأدنى
der kleinste	al aṣɣar	الأصغر
mittler, mittel-	mutawassiṭ	متوسّط
maximal (Adj)	al aqṣa	الأقصى
der größte	al akbar	الأكبر

23. Behälter

Glas (Einmachglas)	barṭamān (m)	برطمان
Dose (z.B. Bierdose)	tanaka (f)	تنكة
Eimer (m)	ʒardal (m)	جردل
Fass (n), Tonne (f)	barmīl (m)	برميل
Waschschüssel (n)	ḥawḍ lil ɣasīl (m)	حوض للغسيل
Tank (m)	χazzān (m)	خزّان
Flachmann (m)	zamzamiyya (f)	زمزميّة
Kanister (m)	ʒirikan (m)	جركن
Zisterne (f)	χazzān (m)	خزّان
Kaffeebecher (m)	māgg (m)	ماجّ
Tasse (f)	finʒān (m)	فنجان
Untertasse (f)	ṭabaq finʒān (m)	طبق فنجان

Wasserglas (n)	kubbāya (f)	كبّاية
Weinglas (n)	ka's (f)	كأس
Kochtopf (m)	kassirūlla (f)	كاسرولة
Flasche (f)	zuʒāʒa (f)	زجاجة
Flaschenhals (m)	'unq (m)	عنق
Karaffe (f)	dawraq zuʒāʒiy (m)	دورق زجاجيّ
Tonkrug (m)	ibrīq (m)	إبريق
Gefäß (n)	inā' (m)	إناء
Tontopf (m)	aṣīṣ (m)	أصيص
Vase (f)	vāza (f)	فازة
Flakon (n)	zuʒāʒa (f)	زجاجة
Fläschchen (n)	zuʒāʒa (f)	زجاجة
Tube (z.B. Zahnpasta)	umbūba (f)	أنبوبة
Sack (~ Kartoffeln)	kīs (m)	كيس
Tüte (z.B. Plastiktüte)	kīs (m)	كيس
Schachtel (f) (z.B. Zigaretten~)	'ulba (f)	علبة
Karton (z.B. Schuhkarton)	'ulba (f)	علبة
Kiste (z.B. Bananenkiste)	ṣundū' (m)	صندوق
Korb (m)	salla (f)	سلّة

24. Werkstoffe

Stoff (z.B. Baustoffe)	mādda (f)	مادّة
Holz (n)	xaʃab (m)	خشب
hölzern	xaʃabiy	خشبيّ
Glas (n)	zuʒāʒ (m)	زجاج
gläsern, Glas-	zuʒāʒiy	زجاجيّ
Stein (m)	ḥaʒar (m)	حجر
steinern	ḥaʒariy	حجريّ
Kunststoff (m)	blastīk (m)	بلاستيك
Kunststoff-	min al blastīk	من البلاستيك
Gummi (n)	maṭṭāṭ (m)	مطّاط
Gummi-	maṭṭāṭiy	مطّاطيّ
Stoff (m)	qumāʃ (m)	قماش
aus Stoff	min al qumāʃ	من القماش
Papier (n)	waraq (m)	ورق
Papier-	waraqiy	ورقيّ
Pappe (f)	kartūn (m)	كرتون
Pappen-	kartūniy	كرتونيّ
Polyäthylen (n)	buli iθilīn (m)	بولي إثيلين
Zellophan (n)	silufān (m)	سيلوفان

Furnier (n)	ablakāʃ (m)	أبلكاش
Porzellan (n)	bursilān (m)	بورسلان
aus Porzellan	min il bursilān	من البورسلان
Ton (m)	ṭīn (m)	طين
Ton-	faχχāry	فخّاري
Keramik (f)	siramīk (m)	سيراميك
keramisch	siramīkiy	سيراميكيّ

25. Metalle

Metall (n)	maʿdan (m)	معدن
metallisch, Metall-	maʿdaniy	معدنيّ
Legierung (f)	sabīka (f)	سبيكة
Gold (n)	ðahab (m)	ذهب
golden	ðahabiy	ذهبيّ
Silber (n)	fiḍḍa (f)	فضّة
silbern, Silber-	fiḍḍiy	فضّيّ
Eisen (n)	ḥadīd (m)	حديد
eisern, Eisen-	ḥadīdiy	حديديّ
Stahl (m)	fūlāð (m)	فولاذ
stählern	fulāðiy	فولاذيّ
Kupfer (n)	nuḥās (m)	نحاس
kupfern, Kupfer-	nuḥāsiy	نحاسيّ
Aluminium (n)	alumīniyum (m)	الومينيوم
Aluminium-	alumīniyum	الومينيوم
Bronze (f)	brūnz (m)	برونز
bronzen	brūnziy	برونزيّ
Messing (n)	nuḥās aṣfar (m)	نحاس أصفر
Nickel (n)	nikil (m)	نيكل
Platin (n)	blatīn (m)	بلاتين
Quecksilber (n)	ziʾbaq (m)	زئبق
Zinn (n)	qaṣdīr (m)	قصدير
Blei (n)	ruṣāṣ (m)	رصاص
Zink (n)	zink (m)	زنك

DER MENSCH

Der Mensch. Körper

26. Menschen. Grundbegriffe

Mensch (m)	insān (m)	إنسان
Mann (m)	raʒul (m)	رجل
Frau (f)	imra'a (f)	إمرأة
Kind (n)	ṭifl (m)	طفل
Mädchen (n)	bint (f)	بنت
Junge (m)	walad (m)	ولد
Teenager (m)	murāhiq (m)	مراهق
Greis (m)	ʿaʒūz (m)	عجوز
alte Frau (f)	ʿaʒūza (f)	عجوزة

27. Anatomie des Menschen

Organismus (m)	ʒism (m)	جسم
Herz (n)	qalb (m)	قلب
Blut (n)	dam (m)	دم
Arterie (f)	ʃaryān (m)	شريان
Vene (f)	ʿirq (m)	عرق
Gehirn (n)	muχχ (m)	مخّ
Nerv (m)	ʿaṣab (m)	عصب
Nerven (pl)	aʿṣāb (pl)	أعصاب
Wirbel (m)	faqra (f)	فقرة
Wirbelsäule (f)	ʿamūd faqriy (m)	عمود فقريّ
Magen (m)	maʿida (f)	معدة
Gedärm (n)	amʿā' (pl)	أمعاء
Darm (z.B. Dickdarm)	miʿan (m)	معى
Leber (f)	kibd (f)	كبد
Niere (f)	kilya (f)	كلية
Knochen (m)	ʿaẓm (m)	عظم
Skelett (n)	haykal ʿaẓmiy (m)	هيكل عظميّ
Rippe (f)	ḍilʿ (m)	ضلع
Schädel (m)	ʒumʒuma (f)	جمجمة
Muskel (m)	ʿaḍala (f)	عضلة
Bizeps (m)	ʿaḍala ðāt ra'sayn (f)	عضلة ذات رأسين
Trizeps (m)	ʿaḍla θulāθiyyat ar ru'ūs (f)	عضلة ثلاثيّة الرءوس
Sehne (f)	watar (m)	وتر
Gelenk (n)	mafṣil (m)	مفصل

Lungen (pl)	ri'atān (du)	رئتان
Geschlechtsorgane (pl)	a'ḍā' ʒinsiyya (pl)	أعضاء جنسيّة
Haut (f)	buʃra (m)	بشرة

28. Kopf

Kopf (m)	ra's (m)	رأس
Gesicht (n)	waʒh (m)	وجه
Nase (f)	anf (m)	أنف
Mund (m)	fam (m)	فم
Auge (n)	'ayn (f)	عين
Augen (pl)	'uyūn (pl)	عيون
Pupille (f)	ḥadaqa (f)	حدقة
Augenbraue (f)	ḥāʒib (m)	حاجب
Wimper (f)	rimʃ (m)	رمش
Augenlid (n)	ʒafn (m)	جفن
Zunge (f)	lisān (m)	لسان
Zahn (m)	sinn (f)	سنّ
Lippen (pl)	ʃifāh (pl)	شفاه
Backenknochen (pl)	'iẓām waʒhiyya (pl)	عظام وجهيّة
Zahnfleisch (n)	liθθa (f)	لثّة
Gaumen (m)	ḥanak (m)	حنك
Nasenlöcher (pl)	minχarān (du)	منخران
Kinn (n)	ðaqan (m)	ذقن
Kiefer (m)	fakk (m)	فكّ
Wange (f)	χadd (m)	خدّ
Stirn (f)	ʒabha (f)	جبهة
Schläfe (f)	ṣudɣ (m)	صدغ
Ohr (n)	uðun (f)	أذن
Nacken (m)	qafa (m)	قفا
Hals (m)	raqaba (f)	رقبة
Kehle (f)	ḥalq (m)	حلق
Haare (pl)	ʃa'r (m)	شعر
Frisur (f)	tasrīḥa (f)	تسريحة
Haarschnitt (m)	tasrīḥa (f)	تسريحة
Perücke (f)	barūka (f)	باروكة
Schnurrbart (m)	ʃawārib (pl)	شوارب
Bart (m)	liḥya (f)	لحية
haben (einen Bart ~)	'indahu	عنده
Zopf (m)	ḍifīra (f)	ضفيرة
Backenbart (m)	sawālif (pl)	سوالف
rothaarig	aḥmar aʃ ʃa'r	أحمر الشعر
grau	abyaḍ	أبيض
kahl	aṣla'	أصلع
Glatze (f)	ṣala' (m)	صلع
Pferdeschwanz (m)	ðayl ḥiṣān (m)	ذيل حصان
Pony (Ponyfrisur)	quṣṣa (f)	قصّة

29. Menschlicher Körper

Hand (f)	yad (m)	يد
Arm (m)	ðirāʿ (f)	ذراع
Finger (m)	iṣbaʿ (m)	إصبع
Zehe (f)	iṣbaʿ al qadam (m)	إصبع القدم
Daumen (m)	ibhām (m)	إبهام
kleiner Finger (m)	χunṣur (m)	خنصر
Nagel (m)	ẓufr (m)	ظفر
Faust (f)	qabḍa (f)	قبضة
Handfläche (f)	kaff (f)	كفّ
Handgelenk (n)	miʿṣam (m)	معصم
Unterarm (m)	sāʿid (m)	ساعد
Ellbogen (m)	mirfaq (m)	مرفق
Schulter (f)	katf (f)	كتف
Bein (n)	riʒl (f)	رجل
Fuß (m)	qadam (f)	قدم
Knie (n)	rukba (f)	ركبة
Wade (f)	sammāna (f)	سمّانة
Hüfte (f)	faχð (f)	فخذ
Ferse (f)	ʿaqb (m)	عقب
Körper (m)	ʒism (m)	جسم
Bauch (m)	baṭn (m)	بطن
Brust (f)	ṣadr (m)	صدر
Busen (m)	θady (m)	ثدي
Seite (f), Flanke (f)	ʒamb (m)	جنب
Rücken (m)	ẓahr (m)	ظهر
Kreuz (n)	asfal aẓ ẓahr (m)	أسفل الظهر
Taille (f)	χaṣr (m)	خصر
Nabel (m)	surra (f)	سرّة
Gesäßbacken (pl)	ardāf (pl)	أرداف
Hinterteil (n)	dubr (m)	دبر
Leberfleck (m)	ʃāma (f)	شامة
Muttermal (n)	waḥma	وحمة
Tätowierung (f)	waʃm (m)	وشم
Narbe (f)	nadba (f)	ندبة

Kleidung & Accessoires

30. Oberbekleidung. Mäntel

Kleidung (f)	malābis (pl)	ملابس
Oberkleidung (f)	malābis fawqāniyya (pl)	ملابس فوقانيّة
Winterkleidung (f)	malābis ʃitawiyya (pl)	ملابس شتويّة
Mantel (m)	miʿṭaf (m)	معطف
Pelzmantel (m)	miʿtaf farw (m)	معطف فرو
Pelzjacke (f)	ʒakīt farw (m)	جاكيت فرو
Daunenjacke (f)	ḥaʃiyyat rīʃ (m)	حشية ريش
Jacke (z.B. Lederjacke)	ʒākīt (m)	جاكيت
Regenmantel (m)	miʿṭaf lil maṭar (m)	معطف للمطر
wasserdicht	ṣāmid lil māʾ	صامد للماء

31. Herren- & Damenbekleidung

Hemd (n)	qamīṣ (m)	قميص
Hose (f)	banṭalūn (m)	بنطلون
Jeans (pl)	ʒīnz (m)	جينز
Jackett (n)	sutra (f)	سترة
Anzug (m)	badla (f)	بدلة
Damenkleid (n)	fustān (m)	فستان
Rock (m)	tannūra (f)	تنّورة
Bluse (f)	blūza (f)	بلوزة
Strickjacke (f)	kardigān (m)	كارديجان
Jacke (Damen Kostüm)	ʒākīt (m)	جاكيت
T-Shirt (n)	ti ʃirt (m)	تي شيرت
Shorts (pl)	ʃūrt (m)	شورت
Sportanzug (m)	badlat at tadrīb (f)	بدلة التدريب
Bademantel (m)	θawb ḥammām (m)	ثوب حمّام
Schlafanzug (m)	biʒāma (f)	بيجاما
Sweater (m)	bulūvir (m)	بلوفر
Pullover (m)	bulūvir (m)	بلوفر
Weste (f)	ṣudayriy (m)	صديريّ
Frack (m)	badlat sahra (f)	بدلة سهرة
Smoking (m)	smūkin (m)	سموكن
Uniform (f)	zayy muwaḥḥad (m)	زي موحّد
Arbeitskleidung (f)	θiyāb al ʿamal (m)	ثياب العمل
Overall (m)	uvirūl (m)	اوفرول
Kittel (z.B. Arztkittel)	θawb (m)	ثوب

32. Kleidung. Unterwäsche

Unterwäsche (f)	malābis dāχiliyya (pl)	ملابس داخليّة
Herrenslip (m)	sirwāl dāχiliy riʒāliy (m)	سروال داخلي رجاليّ
Damenslip (m)	sirwāl dāχiliy nisā'iy (m)	سروال داخلي نسائيّ
Unterhemd (n)	qamīṣ bila aqmām (m)	قميص بلا أكمام
Socken (pl)	ʒawārib (pl)	جوارب
Nachthemd (n)	qamīṣ nawm (m)	قميص نوم
Büstenhalter (m)	ḥammālat ṣadr (f)	حمّالة صدر
Kniestrümpfe (pl)	ʒawārib ṭawīla (pl)	جوارب طويلة
Strumpfhose (f)	ʒawārib kulūn (pl)	جوارب كولون
Strümpfe (pl)	ʒawārib nisā'iyya (pl)	جوارب نسائية
Badeanzug (m)	libās sibāḥa (m)	لباس سباحة

33. Kopfbekleidung

Mütze (f)	qubba'a (f)	قبّعة
Filzhut (m)	burnayṭa (f)	برنيطة
Baseballkappe (f)	kāb baysbūl (m)	كاب بيسبول
Schiebermütze (f)	qubba'a musaṭṭaḥa (f)	قبّعة مسطحة
Baskenmütze (f)	birīh (m)	بيريه
Kapuze (f)	ɣiṭā' (m)	غطاء
Panamahut (m)	qubba'at banāma (f)	قبّعة بناما
Strickmütze (f)	qubbā'a maḥbūka (m)	قبّعة محبوكة
Kopftuch (n)	'īʃārb (m)	إيشارب
Damenhut (m)	burnayṭa (f)	برنيطة
Schutzhelm (m)	χūða (f)	خوذة
Feldmütze (f)	kāb (m)	كاب
Helm (z.B. Motorradhelm)	χūða (f)	خوذة
Melone (f)	qubba'at dirbi (f)	قبّعة ديربي
Zylinder (m)	qubba'a 'āliya (f)	قبّعة عالية

34. Schuhwerk

Schuhe (pl)	aḥðiya (pl)	أحذية
Stiefeletten (pl)	ʒazma (f)	جزمة
Halbschuhe (pl)	ʒazma (f)	جزمة
Stiefel (pl)	būt (m)	بوت
Hausschuhe (pl)	ʃibʃib (m)	شبشب
Tennisschuhe (pl)	ḥiðā' riyāḍiy (m)	حذاء رياضيّ
Leinenschuhe (pl)	kutʃi (m)	كوتشي
Sandalen (pl)	ṣandal (pl)	صندل
Schuster (m)	iskāfiy (m)	إسكافيّ
Absatz (m)	ka'b (m)	كعب

Paar (n)	zawʒ (m)	زوج
Schnürsenkel (m)	ʃarīṭ (m)	شريط
schnüren (vt)	rabaṭ	ربط
Schuhlöffel (m)	labbāsat ḥiðā' (f)	لبّاسة حذاء
Schuhcreme (f)	warnīʃ al ḥiðā' (m)	ورنيش الحذاء

35. Textilien. Stoffe

Baumwolle (f)	quṭn (m)	قطن
Baumwolle-	min al quṭn	من القطن
Leinen (m)	kattān (m)	كتّان
Leinen-	min il kattān	من الكتّان
Seide (f)	ḥarīr (m)	حرير
Seiden-	min al ḥarīr	من الحرير
Wolle (f)	ṣūf (m)	صوف
Woll-	min aṣ ṣūf	من الصوف
Samt (m)	muχmal (m)	مخمل
Wildleder (n)	ʒild ʃāmwāh (m)	جلد شامواه
Cord (m)	quṭn qaṭīfa (f)	قطن قطيفة
Nylon (n)	naylūn (m)	نايلون
Nylon-	min an naylūn	من النيلون
Polyester (m)	bulyistir (m)	بوليستر
Polyester-	min al bulyastar	من البوليستر
Leder (n)	ʒild (m)	جلد
Leder-	min al ʒild	من الجلد
Pelz (m)	farw (m)	فرو
Pelz-	min al farw	من الفرو

36. Persönliche Accessoires

Handschuhe (pl)	quffāz (m)	قفّاز
Fausthandschuhe (pl)	quffāz muɣlaq (m)	قفّاز مغلق
Schal (Kaschmir-)	'īʃārb (m)	إيشارب
Brille (f)	naẓẓāra (f)	نظّارة
Brillengestell (n)	iṭār (m)	إطار
Regenschirm (m)	ʃamsiyya (f)	شمسيّة
Spazierstock (m)	'aṣa (f)	عصا
Haarbürste (f)	furʃat ʃa'r (f)	فرشة شعر
Fächer (m)	mirwaḥa yadawiyya (f)	مروحة يدويّة
Krawatte (f)	karavatta (f)	كرافتة
Fliege (f)	babyūn (m)	ببيون
Hosenträger (pl)	ḥammāla (f)	حمّالة
Taschentuch (n)	mandīl (m)	منديل
Kamm (m)	miʃṭ (m)	مشط
Haarspange (f)	dabbūs (m)	دبّوس

Haarnadel (f)	bansa (m)	بنسة
Schnalle (f)	bukla (f)	بكلة
Gürtel (m)	ḥizām (m)	حزام
Umhängegurt (m)	ḥammalat al katf (f)	حمّالة الكتف
Tasche (f)	ʃanṭa (f)	شنطة
Handtasche (f)	ʃanṭat yad (f)	شنطة يد
Rucksack (m)	ḥaqībat ẓahr (f)	حقيبة ظهر

37. Kleidung. Verschiedenes

Mode (f)	mūḍa (f)	موضة
modisch	fil mūḍa	في الموضة
Modedesigner (m)	muṣammim azyāʾ (m)	مصمّم أزياء
Kragen (m)	yāqa (f)	ياقة
Tasche (f)	ʒayb (m)	جيب
Taschen-	ʒayb	جيب
Ärmel (m)	kumm (m)	كمّ
Aufhänger (m)	ʿallāqa (f)	علّاقة
Hosenschlitz (m)	lisān (m)	لسان
Reißverschluss (m)	zimām munzaliq (m)	زمام منزلق
Verschluss (m)	miʃbak (m)	مشبك
Knopf (m)	zirr (m)	زرّ
Knopfloch (n)	ʿurwa (f)	عروة
abgehen (Knopf usw.)	waqaʿ	وقع
nähen (vi, vt)	χāṭ	خاط
sticken (vt)	ṭarraz	طرّز
Stickerei (f)	taṭrīz (m)	تطريز
Nadel (f)	ibra (f)	إبرة
Faden (m)	χayṭ (m)	خيط
Naht (f)	darz (m)	درز
sich beschmutzen	tawassaχ	توسّخ
Fleck (m)	buqʿa (f)	بقعة
sich knittern	takarmaʃ	تكرمش
zerreißen (vt)	qaṭṭaʿ	قطّع
Motte (f)	ʿuθθa (f)	عثّة

38. Kosmetikartikel. Kosmetik

Zahnpasta (f)	maʿʒūn asnān (m)	معجون أسنان
Zahnbürste (f)	furʃat asnān (f)	فرشة أسنان
Zähne putzen	naẓẓaf al asnān	نظّف الأسنان
Rasierer (m)	mūs ḥilāqa (m)	موس حلاقة
Rasiercreme (f)	krīm ḥilāqa (m)	كريم حلاقة
sich rasieren	ḥalaq	حلق
Seife (f)	ṣābūn (m)	صابون

Shampoo (n)	ʃāmbū (m)	شامبو
Schere (f)	maqaṣṣ (m)	مقص
Nagelfeile (f)	mibrad (m)	مبرد
Nagelzange (f)	milqaṭ (m)	ملقط
Pinzette (f)	milqaṭ (m)	ملقط
Kosmetik (f)	mawādd at taʒmīl (pl)	موادّ التجميل
Gesichtsmaske (f)	mask (m)	ماسك
Maniküre (f)	manikūr (m)	مانيكور
Maniküre machen	ʿamal manikūr	عمل مانيكور
Pediküre (f)	badikīr (m)	باديكير
Kosmetiktasche (f)	ḥaqībat adawāt at taʒmīl (f)	حقيبة أدوات التجميل
Puder (m)	budrat waʒh (f)	بودرة وجه
Puderdose (f)	ʿulbat būdra (f)	علبة بودرة
Rouge (n)	aḥmar χudūd (m)	أحمر خدود
Parfüm (n)	ʿiṭr (m)	عطر
Duftwasser (n)	kulūnya (f)	كولونيا
Lotion (f)	lusiyun (m)	لوسيون
Kölnischwasser (n)	kulūniya (f)	كولونيا
Lidschatten (m)	ay ʃaduw (m)	اي شادو
Kajalstift (m)	kuḥl al ʿuyūn (m)	كحل العيون
Wimperntusche (f)	maskara (f)	ماسكارا
Lippenstift (m)	aḥmar ʃifāh (m)	أحمر شفاه
Nagellack (m)	mulammiʿ al aẓāfir (m)	ملمّع الاظافر
Haarlack (m)	muθabbit aʃ ʃaʿr (m)	مثبّت الشعر
Deodorant (n)	muzīl rawāʾiḥ (m)	مزيل روائح
Creme (f)	krīm (m)	كريم
Gesichtscreme (f)	krīm lil waʒh (m)	كريم للوجه
Handcreme (f)	krīm lil yadayn (m)	كريم لليدين
Anti-Falten-Creme (f)	krīm muḍādd lit taʒāʿīd (m)	كريم مضادّ للتجاعيد
Tagescreme (f)	krīm an nahār (m)	كريم النهار
Nachtcreme (f)	krīm al layl (m)	كريم الليل
Tages-	nahāriy	نهاريّ
Nacht-	layliy	ليلي
Tampon (m)	tambūn (m)	تانبون
Toilettenpapier (n)	waraq ḥammām (m)	ورق حمّام
Föhn (m)	muʒaffif ʃaʿr (m)	مجفّف شعر

39. Schmuck

Schmuck (m)	muʒawharāt (pl)	مجوهرات
Edel- (stein)	karīm	كريم
Repunze (f)	damɣa (f)	دمغة
Ring (m)	χātim (m)	خاتم
Ehering (m)	diblat al χuṭūba (m)	دبلة الخطوبة
Armband (n)	siwār (m)	سوار
Ohrringe (pl)	ḥalaq (m)	حلق

Kette (f)	ʿaqd (m)	عقد
Krone (f)	tāʒ (m)	تاج
Halskette (f)	ʿaqd χaraz (m)	عقد خرز
Brillant (m)	almās (m)	الماس
Smaragd (m)	zumurrud (m)	زمرّد
Rubin (m)	yāqūt aḥmar (m)	ياقوت أحمر
Saphir (m)	yāqūt azraq (m)	ياقوت أزرق
Perle (f)	luʾluʾ (m)	لؤلؤ
Bernstein (m)	kahramān (m)	كهرمان

40. Armbanduhren Uhren

Armbanduhr (f)	sāʿa (f)	ساعة
Zifferblatt (n)	waʒh as sāʿa (m)	وجه الساعة
Zeiger (m)	ʿaqrab as sāʿa (m)	عقرب الساعة
Metallarmband (n)	siwār sāʿa maʿdaniyya (m)	سوار ساعة معدنية
Uhrenarmband (n)	siwār sāʿa (m)	سوار ساعة
Batterie (f)	baṭṭāriyya (f)	بطّاريّة
verbraucht sein	tafarraɣ	تفرّغ
die Batterie wechseln	ɣayyar al baṭṭāriyya	غيّر البطّاريّة
vorgehen (vi)	sabaq	سبق
nachgehen (vi)	taʾaχχar	تأخّر
Wanduhr (f)	sāʿat ḥāʾiṭ (f)	ساعة حائط
Sanduhr (f)	sāʿa ramliyya (f)	ساعة رمليّة
Sonnenuhr (f)	sāʿa ʃamsiyya (f)	ساعة شمسيّة
Wecker (m)	munabbih (m)	منبّه
Uhrmacher (m)	saʿātiy (m)	ساعاتيّ
reparieren (vt)	aṣlaḥ	أصلح

Essen. Ernährung

41. Essen

Fleisch (n)	laḥm (m)	لحم
Hühnerfleisch (n)	daʒāʒ (m)	دجاج
Küken (n)	farrūʒ (m)	فرّوج
Ente (f)	baṭṭa (f)	بطّة
Gans (f)	iwazza (f)	إوزّة
Wild (n)	ṣayd (m)	صيد
Pute (f)	daʒāʒ rūmiy (m)	دجاج رومي
Schweinefleisch (n)	laḥm al χinzīr (m)	لحم الخنزير
Kalbfleisch (n)	laḥm il ʿiʒl (m)	لحم العجل
Hammelfleisch (n)	laḥm aḍ ḍaʾn (m)	لحم الضأن
Rindfleisch (n)	laḥm al baqar (m)	لحم البقر
Kaninchenfleisch (n)	arnab (m)	أرنب
Wurst (f)	suʒuq (m)	سجق
Würstchen (n)	suʒuq (m)	سجق
Schinkenspeck (m)	bikūn (m)	بيكون
Schinken (m)	hām (m)	هام
Räucherschinken (m)	faχð χinzīr (m)	فخذ خنزير
Pastete (f)	maʿʒūn laḥm (m)	معجون لحم
Leber (f)	kibda (f)	كبدة
Hackfleisch (n)	ḥaʃwa (f)	حشوة
Zunge (f)	lisān (m)	لسان
Ei (n)	bayḍa (f)	بيضة
Eier (pl)	bayḍ (m)	بيض
Eiweiß (n)	bayāḍ al bayḍ (m)	بياض البيض
Eigelb (n)	ṣafār al bayḍ (m)	صفار البيض
Fisch (m)	samak (m)	سمك
Meeresfrüchte (pl)	fawākih al baḥr (pl)	فواكه البحر
Kaviar (m)	kaviyār (m)	كافيار
Krabbe (f)	salṭaʿūn (m)	سلطعون
Garnele (f)	ʒambari (m)	جمبري
Auster (f)	maḥār (m)	محار
Languste (f)	karkand ʃāik (m)	كركند شائك
Krake (m)	uχṭubūṭ (m)	أخطبوط
Kalmar (m)	kalmāri (m)	كالماري
Störfleisch (n)	samak al ḥafʃ (m)	سمك الحفش
Lachs (m)	salmūn (m)	سلمون
Heilbutt (m)	samak al halbūt (m)	سمك الهلبوت
Dorsch (m)	samak al qudd (m)	سمك القدّ
Makrele (f)	usqumriy (m)	أسقمريّ

Tunfisch (m)	tūna (f)	تونة
Aal (m)	ḥankalīs (m)	حنكليس
Forelle (f)	salmūn muraqqaṭ (m)	سلمون مرقّط
Sardine (f)	sardīn (m)	سردين
Hecht (m)	samak al karāki (m)	سمك الكراكي
Hering (m)	rinʒa (f)	رنجة
Brot (n)	χubz (m)	خبز
Käse (m)	ʒubna (f)	جبنة
Zucker (m)	sukkar (m)	سكّر
Salz (n)	milḥ (m)	ملح
Reis (m)	urz (m)	أرز
Teigwaren (pl)	makarūna (f)	مكرونة
Nudeln (pl)	nūdlis (f)	نودلز
Butter (f)	zubda (f)	زبدة
Pflanzenöl (n)	zayt (m)	زيت
Sonnenblumenöl (n)	zayt ʻabīd aʃ ʃams (m)	زيت عبيد الشمس
Margarine (f)	marɣarīn (m)	مرغرين
Oliven (pl)	zaytūn (m)	زيتون
Olivenöl (n)	zayt az zaytūn (m)	زيت الزيتون
Milch (f)	ḥalīb (m)	حليب
Kondensmilch (f)	ḥalīb mukaθθaf (m)	حليب مكثّف
Joghurt (m)	yūɣurt (m)	يوغورت
saure Sahne (f)	krīma ḥāmiḍa (f)	كريمة حامضة
Sahne (f)	krīma (f)	كريمة
Mayonnaise (f)	mayunīz (m)	مايونيز
Buttercreme (f)	krīmat zubda (f)	كريمة زبدة
Grütze (f)	ḥubūb (pl)	حبوب
Mehl (n)	daqīq (m)	دقيق
Konserven (pl)	muʻallabāt (pl)	معلّبات
Maisflocken (pl)	kurn fliks (m)	كورن فليكس
Honig (m)	ʻasal (m)	عسل
Marmelade (f)	murabba (m)	مربّى
Kaugummi (m, n)	ʻilk (m)	علك

42. Getränke

Wasser (n)	māʼ (m)	ماء
Trinkwasser (n)	māʼ ʃurb (m)	ماء شرب
Mineralwasser (n)	māʼ maʻdaniy (m)	ماء معدنيّ
still	bi dūn ɣāz	بدون غاز
mit Kohlensäure	mukarban	مكربن
mit Gas	bil ɣāz	بالغاز
Eis (n)	θalʒ (m)	ثلج
mit Eis	biθ θalʒ	بالثلج

alkoholfrei (Adj)	bi dūn kuḥūl	بدون كحول
alkoholfreies Getränk (n)	maʃrūb ɣāziy (m)	مشروب غازي
Erfrischungsgetränk (n)	maʃrūb muθallaʒ (m)	مشروب مثلّج
Limonade (f)	ʃarāb laymūn (m)	شراب ليمون
Spirituosen (pl)	maʃrūbāt kuḥūliyya (pl)	مشروبات كحوليّة
Wein (m)	nabīð (f)	نبيذ
Weißwein (m)	nibīð abyaḍ (m)	نبيذ أبيض
Rotwein (m)	nabīð aḥmar (m)	نبيذ أحمر
Likör (m)	liqiūr (m)	ليكيور
Champagner (m)	ʃambāniya (f)	شمبانيا
Wermut (m)	virmut (m)	فيرموث
Whisky (m)	wiski (m)	وسكي
Wodka (m)	vudka (f)	فودكا
Gin (m)	ʒīn (m)	جين
Kognak (m)	kunyāk (m)	كونياك
Rum (m)	rum (m)	رم
Kaffee (m)	qahwa (f)	قهوة
schwarzer Kaffee (m)	qahwa sāda (f)	قهوة سادة
Milchkaffee (m)	qahwa bil ḥalīb (f)	قهوة بالحليب
Cappuccino (m)	kaputʃīnu (m)	كابتشينو
Pulverkaffee (m)	niskafi (m)	نيسكافيه
Milch (f)	ḥalīb (m)	حليب
Cocktail (m)	kuktayl (m)	كوكتيل
Milchcocktail (m)	milk ʃiyk (m)	ميلك شيك
Saft (m)	ʿaṣīr (m)	عصير
Tomatensaft (m)	ʿaṣīr ṭamāṭim (m)	عصير طماطم
Orangensaft (m)	ʿaṣīr burtuqāl (m)	عصير برتقال
frisch gepresster Saft (m)	ʿaṣīr ṭāziʒ (m)	عصير طازج
Bier (n)	bīra (f)	بيرة
Helles (n)	bīra χafīfa (f)	بيرة خفيفة
Dunkelbier (n)	bīra ɣāmiqa (f)	بيرة غامقة
Tee (m)	ʃāy (m)	شاي
schwarzer Tee (m)	ʃāy aswad (m)	شاي أسود
grüner Tee (m)	ʃāy aχḍar (m)	شاي أخضر

43. Gemüse

Gemüse (n)	χuḍār (pl)	خضار
grünes Gemüse (pl)	χuḍrawāt waraqiyya (pl)	خضروات ورقيّة
Tomate (f)	ṭamāṭim (f)	طماطم
Gurke (f)	χiyār (m)	خيار
Karotte (f)	ʒazar (m)	جزر
Kartoffel (f)	baṭāṭis (f)	بطاطس
Zwiebel (f)	baṣal (m)	بصل
Knoblauch (m)	θūm (m)	ثوم

Kohl (m)	kurumb (m)	كرنب
Blumenkohl (m)	qarnabīṭ (m)	قرنبيط
Rosenkohl (m)	kurumb brūksil (m)	كرنب بروكسل
Brokkoli (m)	brukuli (m)	بركولي
Rote Bete (f)	banʒar (m)	بنجر
Aubergine (f)	bātinʒān (m)	باذنجان
Zucchini (f)	kūsa (f)	كوسة
Kürbis (m)	qarʿ (m)	قرع
Rübe (f)	lift (m)	لفت
Petersilie (f)	baqdūnis (m)	بقدونس
Dill (m)	ʃabat (m)	شبت
Kopf Salat (m)	χass (m)	خسّ
Sellerie (m)	karafs (m)	كرفس
Spargel (m)	halyūn (m)	هليون
Spinat (m)	sabāniχ (m)	سبانخ
Erbse (f)	bisilla (f)	بسلّة
Bohnen (pl)	fūl (m)	فول
Mais (m)	ðura (f)	ذرّة
weiße Bohne (f)	faṣūliya (f)	فاصوليا
Paprika (m)	filfil (m)	فلفل
Radieschen (n)	fiʒl (m)	فجل
Artischocke (f)	χurʃūf (m)	خرشوف

44. Obst. Nüsse

Frucht (f)	fākiha (f)	فاكهة
Apfel (m)	tuffāḥa (f)	تفّاحة
Birne (f)	kummaθra (f)	كمّثرى
Zitrone (f)	laymūn (m)	ليمون
Apfelsine (f)	burtuqāl (m)	برتقال
Erdbeere (f)	farawla (f)	فراولة
Mandarine (f)	yūsufiy (m)	يوسفي
Pflaume (f)	barqūq (m)	برقوق
Pfirsich (m)	durrāq (m)	دراق
Aprikose (f)	miʃmiʃ (f)	مشمش
Himbeere (f)	tūt al ʿullayq al aḥmar (m)	توت العلّيق الأحمر
Ananas (f)	ananās (m)	أناناس
Banane (f)	mawz (m)	موز
Wassermelone (f)	baṭṭīχ aḥmar (m)	بطّيخ أحمر
Weintrauben (pl)	ʿinab (m)	عنب
Kirsche (f)	karaz (m)	كرز
Melone (f)	baṭṭīχ aṣfar (f)	بطّيخ أصفر
Grapefruit (f)	zinbāʿ (m)	زنباع
Avocado (f)	avukādu (f)	افوكاتو
Papaya (f)	babāya (m)	ببايا
Mango (f)	mangu (m)	مانجو
Granatapfel (m)	rummān (m)	رمان

rote Johannisbeere (f)	kiʃmiʃ aḥmar (m)	كشمش أحمر
schwarze Johannisbeere (f)	ʿinab aθ θaʿlab al aswad (m)	عنب الثعلب الأسود
Stachelbeere (f)	ʿinab aθ θaʿlab (m)	عنب الثعلب
Heidelbeere (f)	ʿinab al aḥrāʒ (m)	عنب الأحراج
Brombeere (f)	θamar al ʿullayk (m)	ثمر العلّيق
Rosinen (pl)	zabīb (m)	زبيب
Feige (f)	tīn (m)	تين
Dattel (f)	tamr (m)	تمر
Erdnuss (f)	fūl sudāniy (m)	فول سودانيّ
Mandel (f)	lawz (m)	لوز
Walnuss (f)	ʿayn al ʒamal (f)	عين الجمل
Haselnuss (f)	bunduq (m)	بندق
Kokosnuss (f)	ʒawz al hind (m)	جوز هند
Pistazien (pl)	fustuq (m)	فستق

45. Brot. Süßigkeiten

Konditorwaren (pl)	ḥalawiyyāt (pl)	حلويّات
Brot (n)	χubz (m)	خبز
Keks (m, n)	baskawīt (m)	بسكويت
Schokolade (f)	ʃukulāta (f)	شكولاتة
Schokoladen-	biʃ ʃukulāṭa	بالشكولاتة
Bonbon (m, n)	bumbūn (m)	بونبون
Kuchen (m)	kaʿk (m)	كعك
Torte (f)	tūrta (f)	تورتة
Kuchen (Apfel-)	faṭīra (f)	فطيرة
Füllung (f)	ḥaʃwa (f)	حشوة
Konfitüre (f)	murabba (m)	مربّى
Marmelade (f)	marmalād (f)	مرملاد
Waffeln (pl)	wāfil (m)	وافل
Eis (n)	muθallaʒāt (pl)	مثلّجات
Pudding (m)	būding (m)	بودنج

46. Gerichte

Gericht (n)	waʒba (f)	وجبة
Küche (f)	maṭbaχ (m)	مطبخ
Rezept (n)	waṣfa (f)	وصفة
Portion (f)	waʒba (f)	وجبة
Salat (m)	sulṭa (f)	سلطة
Suppe (f)	ʃūrba (f)	شوربة
Brühe (f), Bouillon (f)	maraq (m)	مرق
belegtes Brot (n)	sandawitʃ (m)	ساندويتش
Spiegelei (n)	bayḍ maqliy (m)	بيض مقليّ
Hamburger (m)	hamburger (m)	هامبورجر

Beefsteak (n)	biftīk (m)	بفتيك
Beilage (f)	ṭabaq ʒānibiy (m)	طبق جانبيّ
Spaghetti (pl)	spaɣitti (m)	سباغيتي
Kartoffelpüree (n)	harīs baṭāṭis (m)	هريس بطاطس
Pizza (f)	bītza (f)	بيتزا
Brei (m)	ʿaṣīda (f)	عصيدة
Omelett (n)	bayḍ maχfūq (m)	بيض مخفوق
gekocht	maslūq	مسلوق
geräuchert	mudaχχin	مدخّن
gebraten	maqliy	مقليّ
getrocknet	muʒaffaf	مجفّف
tiefgekühlt	muʒammad	مجمّد
mariniert	muχallil	مخلّل
süß	musakkar	مسكّر
salzig	māliḥ	مالح
kalt	bārid	بارد
heiß	sāχin	ساخن
bitter	murr	مرّ
lecker	laðīð	لذيذ
kochen (vt)	ṭabaχ	طبخ
zubereiten (vt)	ḥaḍḍar	حضّر
braten (vt)	qala	قلي
aufwärmen (vt)	saχχan	سخّن
salzen (vt)	mallaḥ	ملّح
pfeffern (vt)	falfal	فلفل
reiben (vt)	baʃar	بشر
Schale (f)	qiʃra (f)	قشرة
schälen (vt)	qaʃʃar	قشّر

47. Gewürze

Salz (n)	milḥ (m)	ملح
salzig (Adj)	māliḥ	مالح
salzen (vt)	mallaḥ	ملّح
schwarzer Pfeffer (m)	filfil aswad (m)	فلفل أسود
roter Pfeffer (m)	filfil aḥmar (m)	فلفل أحمر
Senf (m)	ṣalṣat al χardal (f)	صلصة الخردل
Meerrettich (m)	fiʒl ḥārr (m)	فجل حارّ
Gewürz (n)	tābil (m)	تابل
Gewürz (n)	bahār (m)	بهار
Soße (f)	ṣalṣa (f)	صلصة
Essig (m)	χall (m)	خلّ
Anis (m)	yānsūn (m)	يانسون
Basilikum (n)	rīḥān (m)	ريحان
Nelke (f)	qurumful (m)	قرنفل
Ingwer (m)	zanʒabīl (m)	زنجبيل
Koriander (m)	kuzbara (f)	كزبرة

Zimt (m)	qirfa (f)	قرفة
Sesam (m)	simsim (m)	سمسم
Lorbeerblatt (n)	awrāq al ɣār (pl)	أوراق الغار
Paprika (m)	babrika (f)	بابريكا
Kümmel (m)	karāwiya (f)	كراوية
Safran (m)	zaʿfarān (m)	زعفران

48. Mahlzeiten

Essen (n)	akl (m)	أكل
essen (vi, vt)	akal	أكل
Frühstück (n)	fuṭūr (m)	فطور
frühstücken (vi)	afṭar	أفطر
Mittagessen (n)	ɣadāʾ (m)	غداء
zu Mittag essen	taɣadda	تغدّى
Abendessen (n)	ʿaʃāʾ (m)	عشاء
zu Abend essen	taʿaʃʃa	تعشّى
Appetit (m)	ʃahiyya (f)	شهيّة
Guten Appetit!	hanīʾan marīʾan!	هنيئًا مريئًا!
öffnen (vt)	fataḥ	فتح
verschütten (vt)	dalaq	دلق
verschüttet werden	indalaq	إندلق
kochen (vi)	ɣala	غلى
kochen (Wasser ~)	ɣala	غلى
gekocht (Adj)	maɣliy	مغليّ
kühlen (vt)	barrad	برّد
abkühlen (vi)	tabarrad	تبرّد
Geschmack (m)	ṭaʿm (m)	طعم
Beigeschmack (m)	al maðāq al ʿāliq fil fam (m)	المذاق العالق فى الفم
auf Diät sein	faqad al wazn	فقد الوزن
Diät (f)	ḥimya ɣaðāʾiyya (f)	حمية غذائية
Vitamin (n)	vitamīn (m)	فيتامين
Kalorie (f)	suʿra ḥarāriyya (f)	سعرة حراريّة
Vegetarier (m)	nabātiy (m)	نباتيّ
vegetarisch (Adj)	nabātiy	نباتيّ
Fett (n)	duhūn (pl)	دهون
Protein (n)	brutināt (pl)	بروتينات
Kohlenhydrat (n)	naʃawiyyāt (pl)	نشويّات
Scheibchen (n)	ʃarīḥa (f)	شريحة
Stück (ein ~ Kuchen)	qiṭʿa (f)	قطعة
Krümel (m)	futāta (f)	فتاتة

49. Gedeck

Löffel (m)	milʿaqa (f)	ملعقة
Messer (n)	sikkīn (m)	سكّين

Gabel (f)	ʃawka (f)	شوكة
Tasse (eine ~ Tee)	finʒān (m)	فنجان
Teller (m)	ṭabaq (m)	طبق
Untertasse (f)	ṭabaq finʒān (m)	طبق فنجان
Serviette (f)	mandīl (m)	منديل
Zahnstocher (m)	χallat asnān (f)	خلّة أسنان

50. Restaurant

Restaurant (n)	maṭ'am (m)	مطعم
Kaffeehaus (n)	kafé (m), maqha (m)	كافيه, مقهى
Bar (f)	bār (m)	بار
Teesalon (m)	ṣālun ʃāy (m)	صالون شاي
Kellner (m)	nādil (m)	نادل
Kellnerin (f)	nādila (f)	نادلة
Barmixer (m)	bārman (m)	بارمان
Speisekarte (f)	qā'imat aṭ ṭa'ām (f)	قائمة طعام
Weinkarte (f)	qā'imat al χumūr (f)	قائمة خمور
einen Tisch reservieren	ḥaʒaz mā'ida	حجز مائدة
Gericht (n)	waʒba (f)	وجبة
bestellen (vt)	ṭalab	طلب
eine Bestellung aufgeben	ṭalab	طلب
Aperitif (m)	ʃarāb (m)	شراب
Vorspeise (f)	muqabbilāt (pl)	مقبّلات
Nachtisch (m)	ḥalawiyyāt (pl)	حلويّات
Rechnung (f)	ḥisāb (m)	حساب
Rechnung bezahlen	dafa' al ḥisāb	دفع الحساب
das Wechselgeld geben	a'ṭa al bāqi	أعطى الباقي
Trinkgeld (n)	baqʃīʃ (m)	بقشيش

Familie, Verwandte und Freunde

51. Persönliche Informationen. Formulare

Vorname (m)	ism (m)	إسم
Name (m)	ism al 'ā'ila (m)	إسم العائلة
Geburtsdatum (n)	tarīχ al mīlād (m)	تاريخ الميلاد
Geburtsort (m)	makān al mīlād (m)	مكان الميلاد
Nationalität (f)	ʒinsiyya (f)	جنسية
Wohnort (m)	maqarr al iqāma (m)	مقر الإقامة
Land (n)	balad (m)	بلد
Beruf (m)	mihna (f)	مهنة
Geschlecht (n)	ʒins (m)	جنس
Größe (f)	ṭūl (m)	طول
Gewicht (n)	wazn (m)	وزن

52. Familienmitglieder. Verwandte

Mutter (f)	umm (f)	أمّ
Vater (m)	ab (m)	أب
Sohn (m)	ibn (m)	إبن
Tochter (f)	ibna (f)	إبنة
jüngste Tochter (f)	al ibna aṣ ṣaɣīra (f)	الإبنة الصغيرة
jüngste Sohn (m)	al ibn aṣ ṣaɣīr (m)	الابن الصغير
ältere Tochter (f)	al ibna al kabīra (f)	الإبنة الكبيرة
älterer Sohn (m)	al ibn al kabīr (m)	الإبن الكبير
Bruder (m)	aχ (m)	أخ
älterer Bruder (m)	al aχ al kabīr (m)	الأخ الكبير
jüngerer Bruder (m)	al aχ aṣ ṣaɣīr (m)	الأخ الصغير
Schwester (f)	uχt (f)	أخت
ältere Schwester (f)	al uχt al kabīra (f)	الأخت الكبيرة
jüngere Schwester (f)	al uχt aṣ ṣaɣīra (f)	الأخت الصغيرة
Cousin (m)	ibn 'amm (m), ibn χāl (m)	إبن عمّ, إبن خال
Cousine (f)	ibnat 'amm (f), ibnat χāl (f)	إبنة عم, إبنة خال
Mama (f)	mama (f)	ماما
Papa (m)	baba (m)	بابا
Eltern (pl)	wālidān (du)	والدان
Kind (n)	ṭifl (m)	طفل
Kinder (pl)	aṭfāl (pl)	أطفال
Großmutter (f)	ʒidda (f)	جدّة
Großvater (m)	ʒadd (m)	جدّ
Enkel (m)	ḥafīd (m)	حفيد

Enkelin (f)	ḥafīda (f)	حفيدة
Enkelkinder (pl)	aḥfād (pl)	أحفاد
Onkel (m)	ʿamm (m), χāl (m)	عمّ, خال
Tante (f)	ʿamma (f), χāla (f)	عمة, خالة
Neffe (m)	ibn al aχ (m), ibn al uχt (m)	إبن الأخ, إبن الأخت
Nichte (f)	ibnat al aχ (f), ibnat al uχt (f)	إبنة الأخ, إبنة الأخت
Schwiegermutter (f)	ḥamātt (f)	حماة
Schwiegervater (m)	ḥamm (m)	حم
Schwiegersohn (m)	zawʒ al ibna (m)	زوج الأبنة
Stiefmutter (f)	zawʒat al ab (f)	زوجة الأب
Stiefvater (m)	zawʒ al umm (m)	زوج الأمّ
Säugling (m)	ṭifl raḍīʿ (m)	طفل رضيع
Kleinkind (n)	mawlūd (m)	مولود
Kleine (m)	walad ṣaɣīr (m)	ولد صغير
Frau (f)	zawʒa (f)	زوجة
Mann (m)	zawʒ (m)	زوج
Ehemann (m)	zawʒ (m)	زوج
Gemahlin (f)	zawʒa (f)	زوجة
verheiratet (Ehemann)	mutazawwiʒ	متزوّج
verheiratet (Ehefrau)	mutazawwiʒa	متزوّجة
ledig	aʿzab	أعزب
Junggeselle (m)	aʿzab (m)	أعزب
geschieden (Adj)	muṭallaq (m)	مطلّق
Witwe (f)	armala (f)	أرملة
Witwer (m)	armal (m)	أرمل
Verwandte (m)	qarīb (m)	قريب
naher Verwandter (m)	nasīb qarīb (m)	نسيب قريب
entfernter Verwandter (m)	nasīb baʿīd (m)	نسيب بعيد
Verwandte (pl)	aqārib (pl)	أقارب
Waise (m, f)	yatīm (m)	يتيم
Vormund (m)	waliyy amr (m)	وليّ أمر
adoptieren (einen Jungen)	tabanna	تبنّى
adoptieren (ein Mädchen)	tabanna	تبنّى

53. Freunde. Arbeitskollegen

Freund (m)	ṣadīq (m)	صديق
Freundin (f)	ṣadīqa (f)	صديقة
Freundschaft (f)	ṣadāqa (f)	صداقة
befreundet sein	ṣādaq	صادق
Freund (m)	ṣāḥib (m)	صاحب
Freundin (f)	ṣaḥiba (f)	صاحبة
Partner (m)	rafīq (m)	رفيق
Chef (m)	raʾīs (m)	رئيس
Vorgesetzte (m)	raʾīs (m)	رئيس
Besitzer (m)	ṣāḥib (m)	صاحب

Untergeordnete (m)	tābi' (m)	تابع
Kollege (m), Kollegin (f)	zamīl (m)	زميل
Bekannte (m)	ma'ruf (m)	معروف
Reisegefährte (m)	rafīq safar (m)	رفيق سفر
Mitschüler (m)	zamīl fiṣ ṣaff (m)	زميل في الصفّ
Nachbar (m)	ʒār (m)	جار
Nachbarin (f)	ʒāra (f)	جارة
Nachbarn (pl)	ʒirān (pl)	جيران

54. Mann. Frau

Frau (f)	imra'a (f)	إمرأة
Mädchen (n)	fatāt (f)	فتاة
Braut (f)	'arūsa (f)	عروسة
schöne	ʒamīla	جميلة
große	ṭawīla	طويلة
schlanke	raʃīqa	رشيقة
kleine (~ Frau)	qaṣīra	قصيرة
Blondine (f)	ʃaqrā' (f)	شقراء
Brünette (f)	sawdā' aʃ ʃa'r (f)	سوداء الشعر
Damen-	sayyidāt	سيّدات
Jungfrau (f)	'aðrā' (f)	عذراء
schwangere	ḥāmil	حامل
Mann (m)	raʒul (m)	رجل
Blonde (m)	aʃqar (m)	أشقر
Brünette (m)	aswad aʃ ʃa'r (m)	أسود الشعر
hoch	ṭawīl	طويل
klein	qaṣīr	قصير
grob	waqiḥ	وقح
untersetzt	malyān	مليان
robust	matīn	متين
stark	qawiy	قويّ
Kraft (f)	quwwa (f)	قوّة
dick	θaχīn	ثخين
dunkelhäutig	asmar	أسمر
schlank	raʃīq	رشيق
elegant	anīq	أنيق

55. Alter

Alter (n)	'umr (m)	عمر
Jugend (f)	ʃabāb (m)	شباب
jung	ʃābb	شابّ
jünger (~ als Sie)	aṣɣar	أصغر

älter (~ als ich)	akbar	أكبر
Junge (m)	ʃābb (m)	شابّ
Teenager (m)	murāhiq (m)	مراهق
Bursche (m)	ʃābb (m)	شابّ
Greis (m)	ʿaʒūz (m)	عجوز
alte Frau (f)	ʿaʒūza (f)	عجوزة
Erwachsene (m)	bāliɣ (m)	بالغ
in mittleren Jahren	fi muntaṣaf al ʿumr	في منتصف العمر
älterer (Adj)	ʿaʒūz	عجوز
alt (Adj)	ʿaʒūz	عجوز
Ruhestand (m)	maʿāʃ (m)	معاش
in Rente gehen	uḥīl ʿalal maʿāʃ	أحيل على المعاش
Rentner (m)	mutaqāʿid (m)	متقاعد

56. Kinder

Kind (n)	ṭifl (m)	طفل
Kinder (pl)	aṭfāl (pl)	أطفال
Zwillinge (pl)	tawʾamān (du)	توأمان
Wiege (f)	mahd (m)	مهد
Rassel (f)	χaʃχīʃa (f)	خشخيشة
Windel (f)	ḥifāẓ aṭfāl (m)	حفاظ أطفال
Schnuller (m)	bazzāza (f)	بزّازة
Kinderwagen (m)	ʿarabat aṭfāl (f)	عربة أطفال
Kindergarten (m)	rawḍat aṭfāl (f)	روضة أطفال
Kinderfrau (f)	murabbiyat aṭfāl (f)	مربّية الأطفال
Kindheit (f)	ṭufūla (f)	طفولة
Puppe (f)	dumya (f)	دمية
Spielzeug (n)	luʿba (f)	لعبة
Baukasten (m)	mukaʿʿabāt (pl)	مكعّبات
wohlerzogen	muʾaddab	مؤدّب
ungezogen	qalīl al adab	قليل الأدب
verwöhnt	mutdalliʿ	متدلّع
unartig sein	laʿib	لعب
unartig	laʿūb	لعوب
Unart (f)	izʿāʒ (m)	إزعاج
Schelm (m)	ṭifl laʿūb (m)	طفل لعوب
gehorsam	muṭīʿ	مطيع
ungehorsam	ʿāq	عاقّ
fügsam	ʿāqil	عاقل
klug	ðakiy	ذكيّ
Wunderkind (n)	ṭifl muʿʒiza (m)	طفل معجزة

57. Ehepaare. Familienleben

küssen (vt)	bās	باس
sich küssen	bās	باس
Familie (f)	ʿāʾila (f)	عائلة
Familien-	ʿāʾiliy	عائليّ
Paar (n)	zawʒān (du)	زوجان
Ehe (f)	zawāʒ (m)	زواج
Heim (n)	bayt (m)	بيت
Dynastie (f)	sulāla (f)	سلالة
Rendezvous (n)	mawʿid (m)	موعد
Kuss (m)	būsa (f)	بوسة
Liebe (f)	ḥubb (m)	حبّ
lieben (vt)	aḥabb	أحبّ
geliebt	ḥabīb	حبيب
Zärtlichkeit (f)	ḥanān (m)	حنان
zärtlich	ḥanūn	حنون
Treue (f)	iχlāṣ (m)	إخلاص
treu (Adj)	muχliṣ	مخلص
Fürsorge (f)	ʿināya (f)	عناية
sorgsam	muhtamm	مهتمّ
Frischvermählte (pl)	ʿarūsān (du)	عروسان
Flitterwochen (pl)	ʃahr al ʿasal (m)	شهر العسل
heiraten (einen Mann ~)	tazawwaʒ	تزوّج
heiraten (ein Frau ~)	tazawwaʒ	تزوّج
Hochzeit (f)	zifāf (m)	زفاف
goldene Hochzeit (f)	al yubīl að ðahabiy liz zawāʒ (m)	اليوبيل الذهبي للزواج
Jahrestag (m)	ðikra sanawiyya (f)	ذكرى سنويّة
Geliebte (m)	ḥabīb (m)	حبيب
Geliebte (f)	ḥabība (f)	حبيبة
Ehebruch (m)	χiyāna zawʒiyya (f)	خيانة زوجية
Ehebruch begehen	χān	خان
eifersüchtig	ɣayūr	غيور
eifersüchtig sein	ɣār	غار
Scheidung (f)	ṭalāq (m)	طلاق
sich scheiden lassen	ṭallaq	طلّق
streiten (vi)	taʃāʒar	تشاجر
sich versöhnen	taṣālaḥ	تصالح
zusammen (Adv)	maʿan	معًا
Sex (m)	ʒins (m)	جنس
Glück (n)	saʿāda (f)	سعادة
glücklich	saʿīd	سعيد
Unglück (n)	muṣība (m)	مصيبة
unglücklich	taʿis	تعس

Charakter. Empfindungen. Gefühle

58. Empfindungen. Gefühle

Gefühl (n)	ʃu'ūr (m)	شعور
Gefühle (pl)	maʃā'ir (pl)	مشاعر
fühlen (vt)	ʃa'ar	شعر
Hunger (m)	ʒaw' (m)	جوع
hungrig sein	arād an ya'kul	أراد أن يأكل
Durst (m)	'aṭaʃ (m)	عطش
Durst haben	arād an yaʃrab	أراد أن يشرب
Schläfrigkeit (f)	nu'ās (m)	نعاس
schlafen wollen	arād an yanām	أراد أن ينام
Müdigkeit (f)	ta'ab (m)	تعب
müde	ta'bān	تعبان
müde werden	ta'ib	تعب
Laune (f)	ḥāla nafsiyya, mazāʒ (m)	حالة نفسيّة, مزاج
Langeweile (f)	malal (m)	ملل
sich langweilen	ʃa'ar bil malal	شعر بالملل
Zurückgezogenheit (n)	'uzla (f)	عزلة
sich zurückziehen	inzawa	إنزوى
beunruhigen (vt)	aqlaq	أقلق
sorgen (vi)	qalaq	قلق
Besorgnis (f)	qalaq (m)	قلق
Angst (~ um ...)	qalaq (m)	قلق
besorgt (Adj)	maʃɣūl al bāl	مشغول البال
nervös sein	qalaq	قلق
in Panik verfallen (vi)	uṣīb bið ða'r	أصيب بالذعر
Hoffnung (f)	amal (m)	أمل
hoffen (vi)	tamanna	تمنّى
Sicherheit (f)	yaqīn (m)	يقين
sicher	muta'akkid	متأكّد
Unsicherheit (f)	'adam at ta'akkud (m)	عدم التأكّد
unsicher	ɣayr muta'akkid	غير متأكّد
betrunken	sakrān	سكران
nüchtern	ṣāḥi	صاح
schwach	ḍa'īf	ضعيف
glücklich	sa'īd	سعيد
erschrecken (vt)	arhab	أرهب
Wut (f)	ɣaḍab ʃadīd (m)	غضب شديد
Rage (f)	ɣaḍab (m)	غضب
Depression (f)	ikti'āb (m)	إكتئاب
Unbehagen (n)	'adam irtiyāḥ (m)	عدم إرتياح

Komfort (m)	rāḥa (f)	راحة
bedauern (vt)	nadim	ندم
Bedauern (n)	nadam (m)	ندم
Missgeschick (n)	sū' al ḥaẓẓ (m)	سوء الحظّ
Kummer (m)	ḥuzn (f)	حزن
Scham (f)	χaʒal (m)	خجل
Freude (f)	faraḥ (m)	فرح
Begeisterung (f)	ḥamās (m)	حماس
Enthusiast (m)	mutaḥammis (m)	متحمّس
Begeisterung zeigen	taḥammas	تحمّس

59. Charakter. Persönlichkeit

Charakter (m)	ṭab' (m)	طبع
Charakterfehler (m)	'ayb (m)	عيب
Verstand (m), Vernunft (f)	'aql (m)	عقل
Gewissen (n)	ḍamīr (m)	ضمير
Gewohnheit (f)	'āda (f)	عادة
Fähigkeit (f)	qudra (f)	قدرة
können (v mod)	'araf	عرف
geduldig	ṣābir	صابر
ungeduldig	qalīl aṣ ṣabr	قليل الصبر
neugierig	fuḍūliy	فضوليّ
Neugier (f)	fuḍūl (m)	فضول
Bescheidenheit (f)	tawāḍu' (m)	تواضع
bescheiden	mutawāḍi'	متواضع
unbescheiden	ɣayr mutawāḍi'	غير متواضع
Faulheit (f)	kasal (m)	كسل
faul	kaslān	كسلان
Faulenzer (m)	kaslān (m)	كسلان
Listigkeit (f)	makr (m)	مكر
listig	mākir	ماكر
Misstrauen (n)	'adam aθ θiqa (m)	عدم الثقة
misstrauisch	ʃakūk	شكوك
Freigebigkeit (f)	karam (m)	كرم
freigebig	karīm	كريم
talentiert	mawhūb	موهوب
Talent (n)	mawhiba (f)	موهبة
tapfer	ʃuʒā'	شجاع
Tapferkeit (f)	ʃaʒā'a (f)	شجاعة
ehrlich	amīn	أمين
Ehrlichkeit (f)	amāna (f)	أمانة
vorsichtig	ḥāðir	حاذر
tapfer	ʃuʒā'	شجاع
ernst	ʒādd	جادّ

streng	ṣārim	صارم
entschlossen	ḥazīm	حزيم
unentschlossen	mutaraddid	متردّد
schüchtern	χaʒūl	خجول
Schüchternheit (f)	χaʒal (m)	خجل
Vertrauen (n)	θiqa (f)	ثقة
vertrauen (vi)	waθiq	وثق
vertrauensvoll	sarīʿ at taṣdīq	سريع التصديق
aufrichtig (Adv)	bi ṣarāḥa	بصراحة
aufrichtig (Adj)	muχliṣ	مخلص
Aufrichtigkeit (f)	iχlāṣ (m)	إخلاص
offen	ṣarīḥ	صريح
still (Adj)	hādi'	هادئ
freimütig	ṣarīḥ	صريح
naiv	sāðiʒ	ساذج
zerstreut	ʃārid al fikr	شارد الفكر
drollig, komisch	muḍḥik	مضحك
Gier (f)	buχl (m)	بخل
habgierig	baχīl	بخيل
geizig	baχīl	بخيل
böse	ʃarīr	شرير
hartnäckig	ʿanīd	عنيد
unangenehm	karīh	كريه
Egoist (m)	anāniy (m)	أنانيّ
egoistisch	anāniy	أنانيّ
Feigling (m)	ʒabān (m)	جبان
feige	ʒabān	جبان

60. Schlaf. Träume

schlafen (vi)	nām	نام
Schlaf (m)	nawm (m)	نوم
Traum (m)	ḥulm (m)	حلم
träumen (im Schlaf)	ḥalam	حلم
verschlafen	naʿsān	نعسان
Bett (n)	sarīr (m)	سرير
Matratze (f)	martaba (f)	مرتبة
Decke (f)	baṭṭāniyya (f)	بطّانيّة
Kissen (n)	wisāda (f)	وسادة
Laken (n)	milāya (f)	ملاية
Schlaflosigkeit (f)	araq (m)	أرق
schlaflos	ariq	أرق
Schlafmittel (n)	munawwim (m)	منوّم
Schlafmittel nehmen	tanāwal munawwim	تناول منوّمًا
schlafen wollen	arād an yanām	أراد أن ينام
gähnen (vi)	taθā'ab	تثاءب

schlafen gehen	ðahab ila n nawm	ذهب إلى النوم
das Bett machen	a'add as sarīr	أعدّ السرير
einschlafen (vi)	nām	نام
Alptraum (m)	kābūs (m)	كابوس
Schnarchen (n)	ʃaχīr (m)	شخير
schnarchen (vi)	ʃaχχar	شخّر
Wecker (m)	munabbih (m)	منبّه
aufwecken (vt)	ayqaẓ	أيقظ
erwachen (vi)	istayqaẓ	إستيقظ
aufstehen (vi)	qām	قام
sich waschen	ɣasal waʒhah	غسل وجهه

61. Humor. Lachen. Freude

Humor (m)	fukāha (f)	فكاهة
Sinn (m) für Humor	ḥiss (m)	حس
sich amüsieren	istamta'	إستمتع
froh (Adj)	farḥān	فرحان
Fröhlichkeit (f)	faraḥ (m)	فرح
Lächeln (n)	ibtisāma (f)	إبتسامة
lächeln (vi)	ibtasam	إبتسم
auflachen (vi)	ḍaḥik	ضحك
lachen (vi)	ḍaḥik	ضحك
Lachen (n)	ḍaḥka (f)	ضحكة
Anekdote, Witz (m)	ḥikāya muḍḥika (f)	حكاية مضحكة
lächerlich	muḍḥik	مضحك
komisch	muḍḥik	مضحك
Witz machen	mazaḥ	مزح
Spaß (m)	nukta (f)	نكتة
Freude (f)	sa'āda (f)	سعادة
sich freuen	mariḥ	مرح
froh (Adj)	sa'īd	سعيد

62. Diskussion, Unterhaltung. Teil 1

Kommunikation (f)	tawāṣul (m)	تواصل
kommunizieren (vi)	tawāṣal	تواصل
Konversation (f)	muḥādaθa (f)	محادثة
Dialog (m)	ḥiwār (m)	حوار
Diskussion (f)	munāqaʃa (f)	مناقشة
Streitgespräch (n)	munāẓara (f)	مناظرة
streiten (vi)	χālaf	خالف
Gesprächspartner (m)	muḥāwir (m)	محاور
Thema (n)	mawḍū' (m)	موضوع
Gesichtspunkt (m)	wiʒhat naẓar (f)	وجهة نظر

Meinung (f)	ra'y (m)	رأي
Rede (f)	χiṭāb (m)	خطاب
Besprechung (f)	munāqaʃa (f)	مناقشة
besprechen (vt)	nāqaʃ	ناقش
Gespräch (n)	ḥadīs (m)	حديث
Gespräche führen	taḥādaθ	تحادث
Treffen (n)	liqā' (m)	لقاء
sich treffen	qābal	قابل
Sprichwort (n)	maθal (m)	مثل
Redensart (f)	qawl ma'θūr (m)	قول مأثور
Rätsel (n)	luɣz (m)	لغز
ein Rätsel aufgeben	alqa luɣz	ألقى لغزًا
Parole (f)	kalimat al murūr (f)	كلمة مرور
Geheimnis (n)	sirr (m)	سرّ
Eid (m), Schwur (m)	qasam (m)	قسم
schwören (vi, vt)	aqsam	أقسم
Versprechen (n)	wa'd (m)	وعد
versprechen (vt)	wa'ad	وعد
Rat (m)	naṣīḥa (f)	نصيحة
raten (vt)	naṣaḥ	نصح
einen Rat befolgen	intaṣaḥ	إنتصح
gehorchen (jemandem ~)	aṭā'	أطاع
Neuigkeit (f)	χabar (m)	خبر
Sensation (f)	ḍaʒʒa (f)	ضجّة
Informationen (pl)	ma'lūmāt (pl)	معلومات
Schlussfolgerung (f)	istintāʒ (f)	إستنتاج
Stimme (f)	ṣawt (m)	صوت
Kompliment (n)	madḥ (m)	مدح
freundlich	laṭīf	لطيف
Wort (n)	kalima (f)	كلمة
Phrase (f)	'ibāra (f)	عبارة
Antwort (f)	ʒawāb (m)	جواب
Wahrheit (f)	ḥaqīqa (f)	حقيقة
Lüge (f)	kiðb (m)	كذب
Gedanke (m)	fikra (f)	فكرة
Idee (f)	fikra (f)	فكرة
Phantasie (f)	χayāl (m)	خيال

63. Diskussion, Unterhaltung. Teil 2

angesehen (Adj)	muḥtaram	محترم
respektieren (vt)	iḥtaram	إحترم
Respekt (m)	iḥtirām (m)	إحترام
Sehr geehrter ...	'azīzi ...	عزيزي...
bekannt machen	'arraf	عرّف
kennenlernen (vt)	ta'arraf	تعرّف

Absicht (f)	niyya (f)	نيّة
beabsichtigen (vt)	nawa	نوى
Wunsch (m)	tamanni (m)	تمنّ
wünschen (vt)	tamanna	تمنّى
Staunen (n)	ʿaʒab (m)	عجب
erstaunen (vt)	adhaʃ	أدهش
staunen (vi)	indahaʃ	إندهش
geben (vt)	aʿṭa	أعطى
nehmen (vt)	aχað	أخذ
herausgeben (vt)	radd	ردّ
zurückgeben (vt)	arʒaʿ	أرجع
sich entschuldigen	iʿtaðar	إعتذر
Entschuldigung (f)	iʿtiðār (m)	إعتذار
verzeihen (vt)	ʿafa	عفا
sprechen (vi)	taḥaddaθ	تحدّث
hören (vt), zuhören (vi)	istamaʿ	إستمع
sich anhören	samiʿ	سمع
verstehen (vt)	fahim	فهم
zeigen (vt)	ʿaraḍ	عرض
ansehen (vt)	naẓar	نظر
rufen (vt)	nāda	نادى
belästigen (vt)	ʃaɣal	شغل
stören (vt)	azʿaʒ	أزعج
übergeben (vt)	sallam	سلّم
Bitte (f)	ṭalab (m)	طلب
bitten (vt)	ṭalab	طلب
Verlangen (n)	maṭlab (m)	مطلب
verlangen (vt)	ṭālib	طالب
necken (vt)	ɣāẓ	غاظ
spotten (vi)	saχar	سخر
Spott (m)	suχriyya (f)	سخريّة
Spitzname (m)	laqab (m)	لقب
Andeutung (f)	talmīḥ (m)	تلميح
andeuten (vt)	lamaḥ	لمح
meinen (vt)	qaṣad	قصد
Beschreibung (f)	waṣf (m)	وصف
beschreiben (vt)	waṣaf	وصف
Lob (n)	madḥ (m)	مدح
loben (vt)	madaḥ	مدح
Enttäuschung (f)	χaybat amal (f)	خيبة أمل
enttäuschen (vt)	χayyab	خيّب
enttäuscht sein	χābat ʾāmāluh	خابت آماله
Vermutung (f)	iftirāḍ (m)	إفتراض
vermuten (vt)	iftaraḍ	إفترض
Warnung (f)	taḥðīr (m)	تحذير
warnen (vt)	ḥaððar	حذّر

64. Diskussion, Unterhaltung. Teil 3

überreden (vt)	aqnaʿ	أقنع
beruhigen (vt)	ṭam'an	طمأن
Schweigen (n)	sukūt (m)	سكوت
schweigen (vi)	sakat	سكت
flüstern (vt)	hamas	همس
Flüstern (n)	hamsa (f)	همسة
offen (Adv)	bi ṣarāḥa	بصراحة
meiner Meinung nach ...	fi ra'yi ...	في رأيي...
Detail (n)	tafṣīl (m)	تفصيل
ausführlich (Adj)	mufaṣṣal	مفصّل
ausführlich (Adv)	bit tafāṣīl	بالتفاصيل
Tipp (m)	iʃāra (f), talmīḥ (m)	إشارة, تلميح
einen Tipp geben	aʿṭa talmīḥ	أعطى تلميحا
Blick (m)	naẓra (f)	نظرة
anblicken (vt)	alqa naẓra	ألقى نظرة
starr (z.B. -en Blick)	θābit	ثابت
blinzeln (mit den Augen)	ramaʃ	رمش
zwinkern (mit den Augen)	ɣamaz	غمز
nicken (vi)	hazz ra'sah	هزّ رأسه
Seufzer (m)	tanahhuda (f)	تنهّدة
aufseufzen (vi)	tanahhad	تنهّد
zusammenzucken (vi)	irtaʿaʃ	إرتعش
Geste (f)	iʃārat yad (f)	إشارة يد
berühren (vt)	lamas	لمس
ergreifen (vt)	amsak	أمسك
klopfen (vt)	ṣafaq	صفق
Vorsicht!	χuð bālak!	خذ بالك!
Wirklich?	wallahi?	والله؟
Sind Sie sicher?	hal anta muta'akkid?	هل أنت متأكّد؟
Viel Glück!	bit tawfīq!	بالتوفيق!
Klar!	wāḍiḥ!	واضح!
Schade!	ya lil asaf!	يا للأسف!

65. Zustimmung. Ablehnung

Einverständnis (n)	muwāfaqa (f)	موافقة
zustimmen (vi)	wāfa'	وافق
Billigung (f)	istiḥsān (m)	إستحسان
billigen (vt)	istiḥsan	إستحسن
Absage (f)	rafḍ (m)	رفض
sich weigern	rafaḍ	رفض
Ausgezeichnet!	ʿaẓīm!	عظيم!
Ganz recht!	ittafaqna!	إتّفقنا!

Gut! Okay!	ittafaqna!	إتّفقنا!
verboten (Adj)	mamnūʿ	ممنوع
Es ist verboten	mamnūʿ	ممنوع
Es ist unmöglich	mustaḥīl	مستحيل
falsch	ɣalaṭ	غلط
ablehnen (vt)	rafaḍ	رفض
unterstützen (vt)	ayyad	أيّد
akzeptieren (vt)	qabil	قبل
bestätigen (vt)	aθbat	أثبت
Bestätigung (f)	iθbāt (m)	إثبات
Erlaubnis (f)	samāḥ (m)	سماح
erlauben (vt)	samaḥ	سمح
Entscheidung (f)	qarār (m)	قرار
schweigen (nicht antworten)	ṣamat	صمت
Bedingung (f)	ʃarṭ (m)	شرط
Ausrede (f)	ʿuðr (m)	عذر
Lob (n)	madḥ (m)	مدح
loben (vt)	madaḥ	مدح

66. Erfolg. Alles Gute. Misserfolg

Erfolg (m)	naʒāḥ (m)	نجاح
erfolgreich (Adv)	bi naʒāḥ	بنجاح
erfolgreich (Adj)	nāʒiḥ	ناجح
Glück (Glücksfall)	ḥaẓẓ (m)	حظّ
Viel Glück!	bit tawfīq!	بالتوفيق!
Glücks- (z.B. -tag)	murawaffiq	متوفّق
glücklich (Adj)	maḥẓūẓ	محظوظ
Misserfolg (m)	faʃl (m)	فشل
Missgeschick (n)	sūʾ al ḥaẓẓ (m)	سوء الحظّ
Unglück (n)	sūʾ al ḥaẓẓ (m)	سوء الحظّ
missglückt (Adj)	fāʃil	فاشل
Katastrophe (f)	kāriθa (f)	كارثة
Stolz (m)	faχr (m)	فخر
stolz	faχūr	فخور
stolz sein	iftaχar	إفتخر
Sieger (m)	fāʾiz (m)	فائز
siegen (vi)	fāz	فاز
verlieren (Spiel usw.)	χasir	خسر
Versuch (m)	muḥāwala (f)	محاولة
versuchen (vt)	ḥāwal	حاول
Chance (f)	furṣa (f)	فرصة

67. Streit. Negative Gefühle

Schrei (m)	ṣarχa (f)	صرخة
schreien (vi)	ṣaraχ	صرخ

beginnen zu schreien	ṣaraχ	صرخ
Zank (m)	muʃāʒara (f)	مشاجرة
sich zanken	taʃāʒar	تشاجر
Riesenkrach (m)	muʃāʒara (f)	مشاجرة
Krach haben	taʃāʒar	تشاجر
Konflikt (m)	χilāf (m)	خلاف
Missverständnis (n)	sū'at tafāhum (m)	سوء التفاهم
Kränkung (f)	ihāna (f)	إهانة
kränken (vt)	ahān	أهان
gekränkt (Adj)	muhān	مهان
Beleidigung (f)	ḍaym (m)	ضيم
beleidigen (vt)	asā'	أساء
sich beleidigt fühlen	istā'	إستاء
Empörung (f)	istiyā' (m)	إستياء
sich empören	istā'	إستاء
Klage (f)	ʃakwa (f)	شكوى
klagen (vi)	ʃaka	شكا
Entschuldigung (f)	i'tiðār (m)	إعتذار
sich entschuldigen	i'taðar	إعتذر
um Entschuldigung bitten	i'taðar	إعتذر
Kritik (f)	naqd (m)	نقد
kritisieren (vt)	naqad	نقد
Anklage (f)	ittihām (m)	إتّهام
anklagen (vt)	ittaham	إتّهم
Rache (f)	intiqām (m)	إنتقام
rächen (vt)	intaqam	إنتقم
sich rächen	radd	ردّ
Verachtung (f)	iḥtiqār (m)	إحتقار
verachten (vt)	iḥtaqar	إحتقر
Hass (m)	karāha (f)	كراهة
hassen (vt)	karah	كره
nervös	'aṣabiy	عصبيّ
nervös sein	qalaq	قلق
verärgert	za'lān	زعلان
ärgern (vt)	az'al	أزعل
Erniedrigung (f)	iðlāl (m)	إذلال
erniedrigen (vt)	ðallal	ذلّل
sich erniedrigen	taðallal	تذلّل
Schock (m)	ṣadma (f)	صدمة
schockieren (vt)	ṣadam	صدم
Ärger (m)	muʃkila (f)	مشكلة
unangenehm	karīh	كريه
Angst (f)	χawf (m)	خوف
furchtbar (z.B. -e Sturm)	ʃadīd	شديد
schrecklich	muχīf	مخيف

Entsetzen (n)	ru'b (m)	رعب
entsetzlich	mur'ib	مرعب
zittern (vi)	irta'aʃ	إرتعش
weinen (vi)	baka	بكى
anfangen zu weinen	baka	بكى
Träne (f)	dama'a (f)	دمعة
Schuld (f)	ɣalṭa (f)	غلطة
Schuldgefühl (n)	ðamb (m)	ذنب
Schmach (f)	'ār (m)	عار
Protest (m)	iḥtiʒāʒ (m)	إحتجاج
Stress (m)	tawattur (m)	توتّر
stören (vt)	az'aʒ	أزعج
sich ärgern	ɣaḍib	غضب
ärgerlich	ɣaḍbān	غضبان
abbrechen (vi)	anha	أنهى
schelten (vi)	ʃātam	شاتم
erschrecken (vi)	χāf	خاف
schlagen (vt)	ḍarab	ضرب
sich prügeln	ta'ārak	تعارك
beilegen (Konflikt usw.)	sawwa	سوّى
unzufrieden	ɣayr rāḍi	غير راض
wütend	'anīf	عنيف
Das ist nicht gut!	laysa haða amr ʒayyid!	ليس هذا أمرًا جيّدًا!
Das ist schlecht!	haða amr sayyi'!	هذا أمر سيّء!

Medizin

68. Krankheiten

Krankheit (f)	maraḍ (m)	مرض
krank sein	maraḍ	مرض
Gesundheit (f)	ṣiḥḥa (f)	صحّة
Schnupfen (m)	zukām (m)	زكام
Angina (f)	iltihāb al lawzatayn (m)	التهاب اللوزتين
Erkältung (f)	bard (m)	برد
sich erkälten	aṣābahu al bard	أصابه البرد
Bronchitis (f)	iltihāb al qaṣabāt (m)	إلتهاب القصبات
Lungenentzündung (f)	iltihāb ar ri'atayn (m)	إلتهاب الرئتين
Grippe (f)	inflūnza (f)	إنفلونزا
kurzsichtig	qaṣīr an naẓar	قصير النظر
weitsichtig	ba'īd an naẓar	بعيد النظر
Schielen (n)	ḥawal (m)	حول
schielend (Adj)	aḥwal	أحول
grauer Star (m)	katarakt (f)	كاتاراكت
Glaukom (n)	glawkūma (f)	جلوكوما
Schlaganfall (m)	sakta (f)	سكتة
Infarkt (m)	iḥtiʃā' (m)	إحتشاء
Herzinfarkt (m)	nawba qalbiya (f)	نوبة قلبية
Lähmung (f)	ʃalal (m)	شلل
lähmen (vt)	ʃall	شلّ
Allergie (f)	ḥassāsiyya (f)	حسّاسيّة
Asthma (n)	rabw (m)	ربو
Diabetes (m)	ad dā' as sukkariy (m)	الداء السكّريّ
Zahnschmerz (m)	alam al asnān (m)	ألم الأسنان
Karies (f)	naχar al asnān (m)	نخر الأسنان
Durchfall (m)	ishāl (m)	إسهال
Verstopfung (f)	imsāk (m)	إمساك
Magenverstimmung (f)	'usr al haḍm (m)	عسر الهضم
Vergiftung (f)	tasammum (m)	تسمّم
Vergiftung bekommen	tasammam	تسمّم
Arthritis (f)	iltihāb al mafāṣil (m)	إلتهاب المفاصل
Rachitis (f)	kusāḥ al aṭfāl (m)	كساح الأطفال
Rheumatismus (m)	riumatizm (m)	روماتزم
Atherosklerose (f)	taṣṣallub aʃ ʃarayīn (m)	تصلّب الشرايين
Gastritis (f)	iltihāb al ma'ida (m)	إلتهاب المعدة
Blinddarmentzündung (f)	iltihāb az zā'ida ad dūdiyya (m)	إلتهاب الزائدة الدوديّة

Cholezystitis (f)	iltihāb al marāra (m)	إلتهاب المرارة
Geschwür (n)	qurḥa (f)	قرحة
Masern (pl)	maraḍ al ḥaṣba (m)	مرض الحصبة
Röteln (pl)	ḥaṣba almāniyya (f)	حصبة ألمانية
Gelbsucht (f)	yaraqān (m)	يرقان
Hepatitis (f)	iltihāb al kabd al vayrūsiy (m)	إلتهاب الكبد الفيروسيّ
Schizophrenie (f)	ʃizufrīniya (f)	شيزوفرينيا
Tollwut (f)	dāʾ al kalb (m)	داء الكلب
Neurose (f)	ʿiṣāb (m)	عصاب
Gehirnerschütterung (f)	irtiʒāʒ al muχχ (m)	إرتجاج المخ
Krebs (m)	saraṭān (m)	سرطان
Sklerose (f)	taṣṣallub (m)	تصلّب
multiple Sklerose (f)	taṣṣallub mutaʿaddid (m)	تصلّب متعدد
Alkoholismus (m)	idmān al χamr (m)	إدمان الخمر
Alkoholiker (m)	mudmin al χamr (m)	مدمن الخمر
Syphilis (f)	sifilis az zuhariy (m)	سفلس الزهري
AIDS	al aydz (m)	الايدز
Tumor (m)	waram (m)	ورم
bösartig	χabīθ	خبيث
gutartig	ḥamīd (m)	حميد
Fieber (n)	ḥumma (f)	حمّى
Malaria (f)	malāriya (f)	ملاريا
Gangrän (f, n)	ɣanɣrīna (f)	غنغرينا
Seekrankheit (f)	duwār al baḥr (m)	دوار البحر
Epilepsie (f)	maraḍ aṣ ṣarʿ (m)	مرض الصرع
Epidemie (f)	wabāʾ (m)	وباء
Typhus (m)	tīfus (m)	تيفوس
Tuberkulose (f)	maraḍ as sull (m)	مرض السلّ
Cholera (f)	kulīra (f)	كوليرا
Pest (f)	ṭāʿūn (m)	طاعون

69. Symptome. Behandlungen. Teil 1

Symptom (n)	ʿaraḍ (m)	عرض
Temperatur (f)	ḥarāra (f)	حرارة
Fieber (n)	ḥumma (f)	حمّى
Puls (m)	nabḍ (m)	نبض
Schwindel (m)	dawχa (f)	دوخة
heiß (Stirne usw.)	ḥārr	حارّ
Schüttelfrost (m)	nafaḍān (m)	نفضان
blass (z.B. -es Gesicht)	aṣfar	أصفر
Husten (m)	suʿāl (m)	سعال
husten (vi)	saʿal	سعل
niesen (vi)	ʿaṭas	عطس
Ohnmacht (f)	iɣmāʾ (m)	إغماء

ohnmächtig werden	ɣumiya ʿalayh	غمي عليه
blauer Fleck (m)	kadma (f)	كدمة
Beule (f)	tawarrum (m)	تورّم
sich stoßen	iṣṭadam	إصطدم
Prellung (f)	raḍḍ (m)	رضّ
sich stoßen	taraḍḍaḍ	ترضّض
hinken (vi)	ʿaraʒ	عرج
Verrenkung (f)	χalʿ (m)	خلع
ausrenken (vt)	χalaʿ	خلع
Fraktur (f)	kasr (m)	كسر
brechen (Arm usw.)	inkasar	إنكسر
Schnittwunde (f)	ʒurḥ (m)	جرح
sich schneiden	ʒaraḥ nafsah	جرح نفسه
Blutung (f)	nazf (m)	نزف
Verbrennung (f)	ḥarq (m)	حرق
sich verbrennen	taʃayyat	تشيّط
stechen (vt)	waχaz	وخز
sich stechen	waχaz nafsah	وخز نفسه
verletzen (vt)	aṣāb	أصاب
Verletzung (f)	iṣāba (f)	إصابة
Wunde (f)	ʒurḥ (m)	جرح
Trauma (n)	ṣadma (f)	صدمة
irrereden (vi)	haðа	هذى
stottern (vi)	talaʿsam	تلعثم
Sonnenstich (m)	ḍarbat ʃams (f)	ضربة شمس

70. Symptome. Behandlungen. Teil 2

Schmerz (m)	alam (m)	ألم
Splitter (m)	ʃaẓiyya (f)	شظيّة
Schweiß (m)	ʿirq (m)	عرق
schwitzen (vi)	ʿariq	عرق
Erbrechen (n)	taqayyuʿ (m)	تقيؤ
Krämpfe (pl)	taʃannuʒāt (pl)	تشنّجات
schwanger	ḥāmil	حامل
geboren sein	wulid	وُلد
Geburt (f)	wilāda (f)	ولادة
gebären (vt)	walad	ولد
Abtreibung (f)	iʒhāḍ (m)	إجهاض
Atem (m)	tanaffus (m)	تنفّس
Atemzug (m)	istinʃāq (m)	إستنشاق
Ausatmung (f)	zafīr (m)	زفير
ausatmen (vt)	zafar	زفر
einatmen (vt)	istanʃaq	إستنشق
Invalide (m)	muʿāq (m)	معاق
Krüppel (m)	muqʿad (m)	مقعد

Drogenabhängiger (m)	mudmin muχaddirāt (m)	مدمن مخدّرات
taub	aṭraʃ	أطرش
stumm	aχras	أخرس
taubstumm	aṭraʃ aχras	أطرش أخرس
verrückt (Adj)	maʒnūn (m)	مجنون
Irre (m)	maʒnūn (m)	مجنون
Irre (f)	maʒnūna (f)	مجنونة
den Verstand verlieren	ʒunn	جُنّ
Gen (n)	ʒīn (m)	جين
Immunität (f)	manā'a (f)	مناعة
erblich	wirāθiy	وراثيّ
angeboren	χilqiy munð al wilāda	خلقيّ منذ الولادة
Virus (m, n)	virūs (m)	فيروس
Mikrobe (f)	mikrūb (m)	ميكروب
Bakterie (f)	ʒurθūma (f)	جرثومة
Infektion (f)	'adwa (f)	عدوى

71. Symptome. Behandlungen. Teil 3

Krankenhaus (n)	mustaʃfa (m)	مستشفى
Patient (m)	marīḍ (m)	مريض
Diagnose (f)	taʃχīṣ (m)	تشخيص
Heilung (f)	'ilāʒ (m)	علاج
Behandlung (f)	'ilāʒ (m)	علاج
Behandlung bekommen	ta'ālaʒ	تعالج
behandeln (vt)	'ālaʒ	عالج
pflegen (Kranke)	marraḍ	مرّض
Pflege (f)	'ināya (f)	عناية
Operation (f)	'amaliyya ʒaraḥiyya (f)	عمليّة جرحيّة
verbinden (vt)	ḍammad	ضمّد
Verband (m)	taḍmīd (m)	تضميد
Impfung (f)	talqīḥ (m)	تلقيح
impfen (vt)	laqqaḥ	لقّح
Spritze (f)	ḥuqna (f)	حقنة
eine Spritze geben	ḥaqan ibra	حقن إبرة
Anfall (m)	nawba (f)	نوبة
Amputation (f)	batr (m)	بتر
amputieren (vt)	batar	بتر
Koma (n)	ɣaybūba (f)	غيبوبة
im Koma liegen	kān fi ḥālat ɣaybūba	كان في حالة غيبوبة
Reanimation (f)	al 'ināya al murakkaza (f)	العناية المركّزة
genesen von ... (vi)	ʃufiy	شفي
Zustand (m)	ḥāla (f)	حالة
Bewusstsein (n)	wa'y (m)	وعي
Gedächtnis (n)	ðākira (f)	ذاكرة
ziehen (einen Zahn ~)	χala'	خلع

Plombe (f)	ḥaʃw (m)	حشو
plombieren (vt)	ḥaʃa	حشا
Hypnose (f)	at tanwīm al maɣnaṭīsiy (m)	التنويم المغناطيسيّ
hypnotisieren (vt)	nawwam	نوّم

72. Ärzte

Arzt (m)	ṭabīb (m)	طبيب
Krankenschwester (f)	mumarriḍa (f)	ممرّضة
Privatarzt (m)	duktūr ʃaχṣiy (m)	دكتور شخصيّ
Zahnarzt (m)	ṭabīb al asnān (m)	طبيب الأسنان
Augenarzt (m)	ṭabīb al ʿuyūn (m)	طبيب العيون
Internist (m)	ṭabīb bāṭiniy (m)	طبيب باطنيّ
Chirurg (m)	ʒarrāḥ (m)	جرّاح
Psychiater (m)	ṭabīb nafsiy (m)	طبيب نفسيّ
Kinderarzt (m)	ṭabīb al aṭfāl (m)	طبيب الأطفال
Psychologe (m)	sikulūʒiy (m)	سيكولوجيّ
Frauenarzt (m)	ṭabīb an nisāʾ (m)	طبيب النساء
Kardiologe (m)	ṭabīb al qalb (m)	طبيب القلب

73. Medizin. Medikamente. Accessoires

Arznei (f)	dawāʾ (m)	دواء
Heilmittel (n)	ʿilāʒ (m)	علاج
verschreiben (vt)	waṣaf	وصف
Rezept (n)	waṣfa (f)	وصفة
Tablette (f)	qurṣ (m)	قرص
Salbe (f)	marham (m)	مرهم
Ampulle (f)	ambūla (f)	أمبولة
Mixtur (f)	dawāʾ ʃarāb (m)	دواء شراب
Sirup (m)	ʃarāb (m)	شراب
Pille (f)	ḥabba (f)	حبّة
Pulver (n)	ðarūr (m)	ذرور
Verband (m)	ḍammāda (f)	ضمادة
Watte (f)	quṭn (m)	قطن
Jod (n)	yūd (m)	يود
Pflaster (n)	blāstir (m)	بلاستر
Pipette (f)	māṣṣat al bastara (f)	ماصّة البسترة
Thermometer (n)	tirmūmitr (m)	ترمومتر
Spritze (f)	miḥqana (f)	محقنة
Rollstuhl (m)	kursiy mutaḥarrik (m)	كرسي متحرّك
Krücken (pl)	ʿukkāzān (du)	عكّازان
Betäubungsmittel (n)	musakkin (m)	مسكّن
Abführmittel (n)	mulayyin (m)	مليّن

Spiritus (m)	iθanūl (m)	إيثانول
Heilkraut (n)	a'ʃāb ṭibbiyya (pl)	أعشاب طبية
Kräuter- (z.B. Kräutertee)	'uʃbiy	عشبي

74. Rauchen. Tabakwaren

Tabak (m)	tabɣ (m)	تبغ
Zigarette (f)	sīʒāra (f)	سيجارة
Zigarre (f)	sīʒār (m)	سيجار
Pfeife (f)	ɣalyūn (m)	غليون
Packung (f)	'ulba (f)	علبة
Streichhölzer (pl)	kibrīt (m)	كبريت
Streichholzschachtel (f)	'ulbat kibrīt (f)	علبة كبريت
Feuerzeug (n)	wallā'a (f)	ولّاعة
Aschenbecher (m)	ṭaqṭūqa (f)	طقطوقة
Zigarettenetui (n)	'ulbat saʒā'ir (f)	علبة سجائر
Mundstück (n)	ḥamilat siʒāra (f)	حاملة سيجارة
Filter (n)	filtir (m)	فلتر
rauchen (vi, vt)	daχχan	دخّن
anrauchen (vt)	aʃ'al siʒāra	أشعل سيجارة
Rauchen (n)	tadχīn (m)	تدخين
Raucher (m)	mudaχχin (m)	مدخّن
Stummel (m)	'uqb siʒāra (m)	عقب سيجارة
Rauch (m)	duχān (m)	دخان
Asche (f)	ramād (m)	رماد

LEBENSRAUM DES MENSCHEN

Stadt

75. Stadt. Leben in der Stadt

Stadt (f)	madīna (f)	مدينة
Hauptstadt (f)	ʿāṣima (f)	عاصمة
Dorf (n)	qarya (f)	قرية
Stadtplan (m)	χarīṭat al madīna (f)	خريطة المدينة
Stadtzentrum (n)	markaz al madīna (m)	مركز المدينة
Vorort (m)	ḍāḥiya (f)	ضاحية
Vorort-	aḍ ḍawāḥi	الضواحي
Stadtrand (m)	aṭrāf al madīna (pl)	أطراف المدينة
Umgebung (f)	ḍawāḥi al madīna (pl)	ضواحِي المدينة
Stadtviertel (n)	ḥayy (m)	حي
Wohnblock (m)	ḥayy sakaniy (m)	حي سكني
Straßenverkehr (m)	ḥarakat al murūr (f)	حركة المرور
Ampel (f)	iʃārāt al murūr (pl)	إشارات المرور
Stadtverkehr (m)	wasāʾil an naql (pl)	وسائل النقل
Straßenkreuzung (f)	taqāṭuʿ (m)	تقاطع
Übergang (m)	maʿbar al muʃāt (m)	معبر المشاة
Fußgängerunterführung (f)	nafaq muʃāt (m)	نفق مشاة
überqueren (vt)	ʿabar	عبر
Fußgänger (m)	māʃi (m)	ماش
Gehweg (m)	raṣīf (m)	رصيف
Brücke (f)	ʒisr (m)	جسر
Kai (m)	kurnīʃ (m)	كورنيش
Springbrunnen (m)	nāfūra (f)	نافورة
Allee (f)	mamʃa (m)	ممشى
Park (m)	ḥadīqa (f)	حديقة
Boulevard (m)	bulvār (m)	بولفار
Platz (m)	maydān (m)	ميدان
Avenue (f)	ʃāriʿ (m)	شارع
Straße (f)	ʃāriʿ (m)	شارع
Gasse (f)	zuqāq (m)	زقاق
Sackgasse (f)	ṭarīq masdūd (m)	طريق مسدود
Haus (n)	bayt (m)	بيت
Gebäude (n)	mabna (m)	مبنى
Wolkenkratzer (m)	nāṭiḥat sahāb (f)	ناطحة سحاب
Fassade (f)	wāʒiha (f)	واجهة
Dach (n)	saqf (m)	سقف

Fenster (n)	ʃubbāk (m)	شبّاك
Bogen (m)	qaws (m)	قوس
Säule (f)	ʿamūd (m)	عمود
Ecke (f)	zāwiya (f)	زاوية
Schaufenster (n)	vatrīna (f)	فترينة
Firmenschild (n)	lāfita (f)	لافتة
Anschlag (m)	mulṣaq (m)	ملصق
Werbeposter (m)	mulṣaq iʿlāniy (m)	ملصق إعلاني
Werbeschild (n)	lawḥat iʿlānāt (f)	لوحة إعلانات
Müll (m)	zubāla (f)	زبالة
Mülleimer (m)	ṣundūq zubāla (m)	صندوق زبالة
Abfall wegwerfen	rama zubāla	رمى زبالة
Mülldeponie (f)	mazbala (f)	مزبلة
Telefonzelle (f)	kuʃk tilifūn (m)	كشك تليفون
Straßenlaterne (f)	ʿamūd al miṣbāḥ (m)	عمود المصباح
Bank (Park-)	dikka (f), kursiy (m)	دكّة, كرسيّ
Polizist (m)	ʃurṭiy (m)	شرطيّ
Polizei (f)	ʃurṭa (f)	شرطة
Bettler (m)	ʃaḥḥāð (m)	شحّاذ
Obdachlose (m)	mutaʃarrid (m)	متشرّد

76. Innerstädtische Einrichtungen

Laden (m)	maḥall (m)	محلّ
Apotheke (f)	ṣaydaliyya (f)	صيدليّة
Optik (f)	al adawāt al baṣariyya (pl)	الأدوات البصريّة
Einkaufszentrum (n)	markaz tiʒāriy (m)	مركز تجاريّ
Supermarkt (m)	subirmarkit (m)	سوبرماركت
Bäckerei (f)	maχbaz (m)	مخبز
Bäcker (m)	χabbāz (m)	خبّاز
Konditorei (f)	dukkān ḥalawāniy (m)	دكّان حلوانيّ
Lebensmittelladen (m)	baqqāla (f)	بقّالة
Metzgerei (f)	malḥama (f)	ملحمة
Gemüseladen (m)	dukkān χuḍār (m)	دكّان خضار
Markt (m)	sūq (f)	سوق
Kaffeehaus (n)	kafé (m), maqha (m)	كافيه, مقهى
Restaurant (n)	maṭʿam (m)	مطعم
Bierstube (f)	ḥāna (f)	حانة
Pizzeria (f)	maṭʿam pizza (m)	مطعم بيتزا
Friseursalon (m)	ṣālūn ḥilāqa (m)	صالون حلاقة
Post (f)	maktab al barīd (m)	مكتب البريد
chemische Reinigung (f)	tanẓīf ʒāff (m)	تنظيف جافّ
Fotostudio (n)	istūdiyu taṣwīr (m)	إستوديو تصوير
Schuhgeschäft (n)	maḥall aḥðiya (m)	محلّ أحذية
Buchhandlung (f)	maḥall kutub (m)	محلّ كتب

Sportgeschäft (n)	maḥall riyāḍiy (m)	محلّ رياضيّ
Kleiderreparatur (f)	maḥall χiyāṭat malābis (m)	محلّ خياطة ملابس
Bekleidungsverleih (m)	maḥall ta'ʒīr malābis rasmiyya (m)	محلّ تأجير ملابس رسمية
Videothek (f)	maḥal ta'ʒīr vidiyu (m)	محلّ تأجير فيديو
Zirkus (m)	sirk (m)	سيرك
Zoo (m)	ḥadīqat al ḥayawān (f)	حديقة حيوان
Kino (n)	sinima (f)	سينما
Museum (n)	matḥaf (m)	متحف
Bibliothek (f)	maktaba (f)	مكتبة
Theater (n)	masraḥ (m)	مسرح
Opernhaus (n)	ubra (f)	أوبرا
Nachtklub (m)	malha layliy (m)	ملهى ليليّ
Kasino (n)	kazinu (m)	كازينو
Moschee (f)	masʒid (m)	مسجد
Synagoge (f)	kanīs ma'bad yahūdiy (m)	كنيس معبد يهوديّ
Kathedrale (f)	katidrā'iyya (f)	كاتدرائيّة
Tempel (m)	ma'bad (m)	معبد
Kirche (f)	kanīsa (f)	كنيسة
Institut (n)	kulliyya (m)	كلّيّة
Universität (f)	ʒāmi'a (f)	جامعة
Schule (f)	madrasa (f)	مدرسة
Präfektur (f)	muqāṭa'a (f)	مقاطعة
Rathaus (n)	baladiyya (f)	بلديّة
Hotel (n)	funduq (m)	فندق
Bank (f)	bank (m)	بنك
Botschaft (f)	safāra (f)	سفارة
Reisebüro (n)	ʃarikat siyāḥa (f)	شركة سياحة
Informationsbüro (n)	maktab al isti'lāmāt (m)	مكتب الإستعلامات
Wechselstube (f)	ṣarrāfa (f)	صرّافة
U-Bahn (f)	mitru (m)	مترو
Krankenhaus (n)	mustaʃfa (m)	مستشفى
Tankstelle (f)	maḥaṭṭat banzīn (f)	محطّة بنزين
Parkplatz (m)	mawqif as sayyārāt (m)	موقف السيّارات

77. Innerstädtischer Transport

Bus (m)	bāṣ (m)	باص
Straßenbahn (f)	trām (m)	ترام
Obus (m)	truli bāṣ (m)	ترولي باص
Linie (f)	χaṭṭ (m)	خطّ
Nummer (f)	raqm (m)	رقم
mit … fahren	rakib …	ركب...
einsteigen (vi)	rakib	ركب
aussteigen (aus dem Bus)	nazil min	نزل من

Haltestelle (f)	mawqif (m)	موقف
nächste Haltestelle (f)	al maḥaṭṭa al qādima (f)	المحطّة القادمة
Endhaltestelle (f)	āχir maḥaṭṭa (f)	آخر محطّة
Fahrplan (m)	ʒadwal (m)	جدول
warten (vi, vt)	inṭazar	إنتظر
Fahrkarte (f)	taðkira (f)	تذكرة
Fahrpreis (m)	uʒra (f)	أجرة
Kassierer (m)	ṣarrāf (m)	صرّاف
Fahrkartenkontrolle (f)	taftīʃ taðkira (m)	تفتيش تذكرة
Fahrkartenkontrolleur (m)	mufattiʃ taðākir (m)	مفتّش تذاكر
sich verspäten	ta'aχχar	تأخّر
versäumen (Zug usw.)	ta'aχχar	تأخّر
sich beeilen	ista'ʒal	إستعجل
Taxi (n)	taksi (m)	تاكسي
Taxifahrer (m)	sā'iq taksi (m)	سائق تاكسي
mit dem Taxi	bit taksi	بالتاكسي
Taxistand (m)	mawqif taksi (m)	موقف تاكسي
ein Taxi rufen	kallam tāksi	كلّم تاكسي
ein Taxi nehmen	aχað taksi	أخذ تاكسي
Straßenverkehr (m)	ḥarakat al murūr (f)	حركة المرور
Stau (m)	zaḥmat al murūr (f)	زحمة المرور
Hauptverkehrszeit (f)	sā'at að ðurwa (f)	ساعة الذروة
parken (vi)	awqaf	أوقف
parken (vt)	awqaf	أوقف
Parkplatz (m)	mawqif as sayyārāt (m)	موقف السيارات
U-Bahn (f)	mitru (m)	مترو
Station (f)	maḥaṭṭa (f)	محطّة
mit der U-Bahn fahren	rakib al mitru	ركب المترو
Zug (m)	qiṭār (m)	قطار
Bahnhof (m)	maḥaṭṭat qiṭār (f)	محطّة قطار

78. Sehenswürdigkeiten

Denkmal (n)	timθāl (m)	تمثال
Festung (f)	qal'a (f), ḥiṣn (m)	قلعة, حصن
Palast (m)	qaṣr (m)	قصر
Schloss (n)	qal'a (f)	قلعة
Turm (m)	burʒ (m)	برج
Mausoleum (n)	ḍarīḥ (m)	ضريح
Architektur (f)	handasa mi'māriyya (f)	هندسة معماريّة
mittelalterlich	min al qurūn al wusṭa	من القرون الوسطى
alt (antik)	qadīm	قديم
national	waṭaniy	وطنيّ
berühmt	maʃhūr	مشهور
Tourist (m)	sā'iḥ (m)	سائح
Fremdenführer (m)	murʃid (m)	مرشد

Ausflug (m)	ʒawla (f)	جولة
zeigen (vt)	ʻaraḍ	عرض
erzählen (vt)	ḥaddaθ	حدّث
finden (vt)	waʒad	وجد
sich verlieren	ḍāʻ	ضاع
Karte (U-Bahn ~)	χarīṭa (f)	خريطة
Karte (Stadt-)	χarīṭa (f)	خريطة
Souvenir (n)	tiðkār (m)	تذكار
Souvenirladen (m)	maḥall hadāya (m)	محلّ هدايا
fotografieren (vt)	ṣawwar	صوّر
sich fotografieren	taṣawwar	تصوّر

79. Shopping

kaufen (vt)	iʃtara	إشترى
Einkauf (m)	ʃay' (m)	شيء
einkaufen gehen	iʃtara	إشترى
Einkaufen (n)	ʃubinɣ (m)	شوبينغ
offen sein (Laden)	maftūḥ	مفتوح
zu sein	muɣlaq	مغلق
Schuhe (pl)	aḥðiya (pl)	أحذية
Kleidung (f)	malābis (pl)	ملابس
Kosmetik (f)	mawādd at taʒmīl (pl)	موادّ التجميل
Lebensmittel (pl)	ma'kūlāt (pl)	مأكولات
Geschenk (n)	hadiyya (f)	هديّة
Verkäufer (m)	bā'iʻ (m)	بائع
Verkäuferin (f)	bā'iʻa (f)	بائعة
Kasse (f)	ṣundū' ad dafʻ (m)	صندوق الدفع
Spiegel (m)	mir'āt (f)	مرآة
Ladentisch (m)	minḍada (f)	منضدة
Umkleidekabine (f)	ɣurfat al qiyās (f)	غرفة القياس
anprobieren (vt)	ʒarrab	جرّب
passen (Schuhe, Kleid)	nāsab	ناسب
gefallen (vi)	aʻʒab	أعجب
Preis (m)	siʻr (m)	سعر
Preisschild (n)	tikit as siʻr (m)	تيكت السعر
kosten (vt)	kallaf	كلّف
Wie viel?	bikam?	بكم؟
Rabatt (m)	χaṣm (m)	خصم
preiswert	ɣayr ɣāli	غير غال
billig	raχīṣ	رخيص
teuer	ɣāli	غال
Das ist teuer	haða ɣāli	هذا غال
Verleih (m)	isti'ʒār (m)	إستئجار
leihen, mieten (ein Auto usw.)	ista'ʒar	إستأجر

Kredit (m), Darlehen (n)	i'timān (m)	إئتمان
auf Kredit	bid dayn	بالدين

80. Geld

Geld (n)	nuqūd (pl)	نقود
Austausch (m)	taḥwīl 'umla (m)	تحويل عملة
Kurs (m)	si'r aṣ ṣarf (m)	سعر الصرف
Geldautomat (m)	ṣarrāf 'āliy (m)	صرّاف آليّ
Münze (f)	qiṭ'a naqdiyya (f)	قطعة نقديّة
Dollar (m)	dulār (m)	دولار
Euro (m)	yuru (m)	يورو
Lira (f)	lira iṭāliyya (f)	ليرة إيطالية
Mark (f)	mark almāniy (m)	مارك ألماني
Franken (m)	frank (m)	فرنك
Pfund Sterling (n)	ʒunayh istirlīniy (m)	جنيه استرلينيّ
Yen (m)	yīn (m)	ين
Schulden (pl)	dayn (m)	دين
Schuldner (m)	mudīn (m)	مدين
leihen (vt)	sallaf	سلّف
leihen, borgen (Geld usw.)	istalaf	إستلف
Bank (f)	bank (m)	بنك
Konto (n)	ḥisāb (m)	حساب
einzahlen (vt)	awda'	أودع
auf ein Konto einzahlen	awda' fil ḥisāb	أودع في الحساب
abheben (vt)	saḥab min al ḥisāb	سحب من الحساب
Kreditkarte (f)	biṭāqat i'timān (f)	بطاقة إئتمان
Bargeld (n)	nuqūd (pl)	نقود
Scheck (m)	ʃīk (m)	شيك
einen Scheck schreiben	katab ʃīk	كتب شيكًا
Scheckbuch (n)	daftar ʃīkāt (m)	دفتر شيكات
Geldtasche (f)	maḥfaẓat ʒīb (f)	محفظة جيب
Geldbeutel (m)	maḥfaẓat fakka (f)	محفظة فكّة
Safe (m)	χizāna (f)	خزانة
Erbe (m)	wāris (m)	وارث
Erbschaft (f)	wirāθa (f)	وراثة
Vermögen (n)	θarwa (f)	ثروة
Pacht (f)	ʾīʒār (m)	إيجار
Miete (f)	uʒrat as sakan (f)	أجرة السكن
mieten (vt)	ista'ʒar	إستأجر
Preis (m)	si'r (m)	سعر
Kosten (pl)	θaman (m)	ثمن
Summe (f)	mablaɣ (m)	مبلغ
ausgeben (vt)	ṣaraf	صرف
Ausgaben (pl)	maṣārīf (pl)	مصاريف

sparen (vt)	waffar	وفّر
sparsam	muwaffir	موفّر
zahlen (vt)	dafa'	دفع
Lohn (m)	daf' (m)	دفع
Wechselgeld (n)	al bāqi (m)	الباقي
Steuer (f)	ḍarība (f)	ضريبة
Geldstrafe (f)	ɣarāma (f)	غرامة
bestrafen (vt)	faraḍ ɣarāma	فرض غرامة

81. Post. Postdienst

Post (Postamt)	maktab al barīd (m)	مكتب البريد
Post (Postsendungen)	al barīd (m)	البريد
Briefträger (m)	sā'i al barīd (m)	ساعي البريد
Öffnungszeiten (pl)	awqāt al 'amal (pl)	أوقات العمل
Brief (m)	risāla (f)	رسالة
Einschreibebrief (m)	risāla musaʒʒala (f)	رسالة مسجّلة
Postkarte (f)	biṭāqa barīdiyya (f)	بطاقة بريديّة
Telegramm (n)	barqiyya (f)	برقيّة
Postpaket (n)	ṭard (m)	طرد
Geldanweisung (f)	ḥawāla māliyya (f)	حوالة ماليّة
bekommen (vt)	istalam	إستلم
abschicken (vt)	arsal	أرسل
Absendung (f)	irsāl (m)	إرسال
Postanschrift (f)	'unwān (m)	عنوان
Postleitzahl (f)	raqm al barīd (m)	رقم البريد
Absender (m)	mursil (m)	مرسل
Empfänger (m)	mursal ilayh (m)	مرسل إليه
Vorname (m)	ism (m)	إسم
Nachname (m)	ism al 'ā'ila (m)	إسم العائلة
Tarif (m)	ta'rīfa (f)	تعريفة
Standard- (Tarif)	'ādiy	عاديّ
Spar- (-tarif)	muwaffir	موفّر
Gewicht (n)	wazn (m)	وزن
abwiegen (vt)	wazan	وزن
Briefumschlag (m)	ẓarf (m)	ظرف
Briefmarke (f)	ṭābi' (m)	طابع
Briefmarke aufkleben	alṣaq ṭābi'	ألصق طابعا

Wohnung. Haus. Zuhause

82. Haus. Wohnen

Haus (n)	bayt (m)	بيت
zu Hause	fil bayt	في البيت
Hof (m)	finā' (m)	فناء
Zaun (m)	sūr (m)	سور
Ziegel (m)	ṭūb (m)	طوب
Ziegel-	min aṭ ṭūb	من الطوب
Stein (m)	ḥaʒar (m)	حجر
Stein-	ḥaʒariy	حجريّ
Beton (m)	χarasāna (f)	خرسانة
Beton-	χarasāniy	خرسانيّ
neu	ʒadīd	جديد
alt	qadīm	قديم
baufällig	'āyil lis suqūṭ	آيل للسقوط
modern	mu'āṣir	معاصر
mehrstöckig	muta'addid aṭ ṭawābiq	متعدّد الطوابق
hoch	'āli	عال
Stock (m)	ṭābiq (m)	طابق
einstöckig	ðu ṭābiq wāḥid	ذو طابق واحد
Erdgeschoß (n)	ṭābiq sufliy (m)	طابق سفليّ
oberster Stock (m)	ṭābiq 'ulwiy (m)	طابق علويّ
Dach (n)	saqf (m)	سقف
Schlot (m)	madχana (f)	مدخنة
Dachziegel (m)	qirmīd (m)	قرميد
Dachziegel-	min al qirmīd	من القرميد
Dachboden (m)	'ullayya (f)	علّيّة
Fenster (n)	ʃubbāk (m)	شبّاك
Glas (n)	zuʒāʒ (m)	زجاج
Fensterbrett (n)	raff ʃubbāk (f)	رف شبّاك
Fensterläden (pl)	darf ʃubbāk (m)	درف شبّاك
Wand (f)	ḥā'iṭ (m)	حائط
Balkon (m)	ʃurfa (f)	شرفة
Regenfallrohr (n)	masūrat at taṣrīf (f)	ماسورة التصريف
nach oben	fawq	فوق
hinaufgehen (vi)	ṣa'ad	صعد
herabsteigen (vi)	nazil	نزل
umziehen (vi)	intaqal	إنتقل

83. Haus. Eingang. Lift

Eingang (m)	madχal (m)	مدخل
Treppe (f)	sullam (m)	سلّم
Stufen (pl)	daraʒāt (pl)	درجات
Geländer (n)	drabizīn (m)	درابزين
Halle (f)	ṣāla (f)	صالة
Briefkasten (m)	ṣundūq al barīd (m)	صندوق البريد
Müllkasten (m)	ṣundūq az zubāla (m)	صندوق الزبالة
Müllschlucker (m)	manfað að ðubāla (m)	منفذ الزبالة
Aufzug (m)	miṣʿad (m)	مصعد
Lastenaufzug (m)	miṣʿad aʃ ʃaḥn (m)	مصعد الشحن
Aufzugkabine (f)	kabīna (f)	كابينة
Aufzug nehmen	rakib al miṣʿad	ركب المصعد
Wohnung (f)	ʃaqqa (f)	شقّة
Mieter (pl)	sukkān al ʿimāra (pl)	سكّان العمارة
Nachbar (m)	ʒār (m)	جار
Nachbarin (f)	ʒāra (f)	جارة
Nachbarn (pl)	ʒirān (pl)	جيران

84. Haus. Türen. Schlösser

Tür (f)	bāb (m)	باب
Tor (der Villa usw.)	bawwāba (f)	بوّابة
Griff (m)	qabḍat al bāb (f)	قبضة الباب
aufschließen (vt)	fataḥ	فتح
öffnen (vt)	fataḥ	فتح
schließen (vt)	aɣlaq	أغلق
Schlüssel (m)	miftāḥ (m)	مفتاح
Bündel (n)	rabṭa (f)	ربطة
knarren (vi)	ṣarr	صرّ
Knarren (n)	ṣarīr (m)	صرير
Türscharnier (n)	mufaṣṣala (f)	مفصّلة
Fußmatte (f)	siʒāda (f)	سجادة
Schloss (n)	qifl al bāb (m)	قفل الباب
Schlüsselloch (n)	θaqb al bāb (m)	ثقب الباب
Türriegel (m)	tirbās (m)	ترباس
kleiner Türriegel (m)	mizlāʒ (m)	مزلاج
Vorhängeschloss (n)	qifl (m)	قفل
klingeln (vi)	rann	رنّ
Klingel (Laut)	ranīn (m)	رنين
Türklingel (f)	ʒaras (m)	جرس
Knopf (m)	zirr (m)	زرّ
Klopfen (n)	ṭarq, daqq (m)	طرق, دقّ
anklopfen (vi)	daqq	دقّ

Code (m)	kūd (m)	كود
Zahlenschloss (n)	kūd (m)	كود
Sprechanlage (f)	ʒaras al bāb (m)	جرس الباب
Nummer (f)	raqm (m)	رقم
Türschild (n)	lawḥa (f)	لوحة
Türspion (m)	al ʻayn as siḥriyya (m)	العين السحريّة

85. Landhaus

Dorf (n)	qarya (f)	قرية
Gemüsegarten (m)	bustān χuḍār (m)	بستان خضار
Zaun (m)	sūr (m)	سور
Lattenzaun (m)	sūr (m)	سور
Zauntür (f)	bawwāba farʻiyya (f)	بوّابة فرعيّة
Speicher (m)	ʃawna (f)	شونة
Keller (m)	sirdāb (m)	سرداب
Schuppen (m)	saqīfa (f)	سقيفة
Brunnen (m)	bi'r (m)	بئر
Ofen (m)	furn (m)	فرن
heizen (Ofen ~)	awqad	أوقد
Holz (n)	ḥaṭab (m)	حطب
Holzscheit (n)	qiṭʻat ḥaṭab (f)	قطعة حطب
Veranda (f)	virānda (f)	فيراندة
Terrasse (f)	ʃurfa (f)	شرفة
Außentreppe (f)	sullam (m)	سلّم
Schaukel (f)	urʒūḥa (f)	أرجوحة

86. Burg. Palast

Schloss (n)	qalʻa (f)	قلعة
Palast (m)	qaṣr (m)	قصر
Festung (f)	qalʻa (f), ḥiṣn (m)	قلعة, حصن
Mauer (f)	sūr (m)	سور
Turm (m)	burʒ (m)	برج
Bergfried (m)	burʒ ra'īsiy (m)	برج رئيسيّ
Fallgatter (n)	bāb mutaḥarrik (m)	باب متحرّك
Tunnel (n)	sirdāb (m)	سرداب
Graben (m)	χandaq mā'iy (m)	خندق مائيّ
Kette (f)	silsila (f)	سلسلة
Schießscharte (f)	mazɣal (m)	مزغل
großartig, prächtig	rā'iʻ	رائع
majestätisch	muhīb	مهيب
unnahbar	manīʻ	منيع
mittelalterlich	min al qurūn al wusṭa	من القرون الوسطى

87. Wohnung

Wohnung (f)	ʃaqqa (f)	شقّة
Zimmer (n)	ɣurfa (f)	غرفة
Schlafzimmer (n)	ɣurfat an nawm (f)	غرفة النوم
Esszimmer (n)	ɣurfat il akl (f)	غرفة الأكل
Wohnzimmer (n)	ṣālat al istiqbāl (f)	صالة الإستقبال
Arbeitszimmer (n)	maktab (m)	مكتب
Vorzimmer (n)	madχal (m)	مدخل
Badezimmer (n)	ḥammām (m)	حمّام
Toilette (f)	ḥammām (m)	حمّام
Decke (f)	saqf (m)	سقف
Fußboden (m)	arḍ (f)	أرض
Ecke (f)	zāwiya (f)	زاوية

88. Wohnung. Saubermachen

aufräumen (vt)	naẓẓaf	نظّف
weglegen (vt)	ʃāl	شال
Staub (m)	ɣubār (m)	غبار
staubig	muɣabbar	مغبّر
Staub abwischen	masaḥ al ɣubār	مسح الغبار
Staubsauger (m)	miknasa kahrabā'iyya (f)	مكنسة كهربائيّة
Staub saugen	naẓẓaf bi miknasa kahrabā'iyya	نظّف بمكنسة كهربائيّة
kehren, fegen (vt)	kanas	كنس
Kehricht (m, n)	qumāma (f)	قمامة
Ordnung (f)	niẓām (m)	نظام
Unordnung (f)	ʿadam an niẓām (m)	عدم النظام
Schrubber (m)	mimsaḥa ṭawīla (f)	ممسحة طويلة
Lappen (m)	mimsaḥa (f)	ممسحة
Besen (m)	miqaʃʃa (f)	مقشّة
Kehrichtschaufel (f)	ʒārūf (m)	جاروف

89. Möbel. Innenausstattung

Möbel (n)	aθāθ (m)	أثاث
Tisch (m)	maktab (m)	مكتب
Stuhl (m)	kursiy (m)	كرسيّ
Bett (n)	sarīr (m)	سرير
Sofa (n)	kanaba (f)	كنبة
Sessel (m)	kursiy (m)	كرسيّ
Bücherschrank (m)	χizānat kutub (f)	خزانة كتب
Regal (n)	raff (m)	رفّ
Schrank (m)	dūlāb (m)	دولاب
Hakenleiste (f)	ʃammāʿa (f)	شمّاعة

Kleiderständer (m)	ʃammāʿa (f)	شمّاعة
Kommode (f)	dulāb adrāʒ (m)	دولاب أدراج
Couchtisch (m)	ṭāwilat al qahwa (f)	طاولة القهوة
Spiegel (m)	mir'āt (f)	مرآة
Teppich (m)	siʒāda (f)	سجادة
Matte (kleiner Teppich)	siʒāda (f)	سجادة
Kamin (m)	midfa'a ḥā'iṭiyya (f)	مدفأة حائطيّة
Kerze (f)	ʃamʿa (f)	شمعة
Kerzenleuchter (m)	ʃamʿadān (m)	شمعدان
Vorhänge (pl)	satā'ir (pl)	ستائر
Tapete (f)	waraq ḥīṭān (m)	ورق حيطان
Jalousie (f)	haṣīrat ʃubbāk (f)	حصيرة شبّاك
Tischlampe (f)	miṣbāḥ aṭ ṭāwila (m)	مصباح الطاولة
Leuchte (f)	miṣbāḥ al ḥā'iṭ (f)	مصباح الحائط
Stehlampe (f)	miṣbāḥ arḍiy (m)	مصباح أرضيّ
Kronleuchter (m)	naʒafa (f)	نجفة
Bein (Tischbein usw.)	riʒl (f)	رجل
Armlehne (f)	masnad (m)	مسند
Lehne (f)	masnad (m)	مسند
Schublade (f)	durʒ (m)	درج

90. Bettwäsche

Bettwäsche (f)	bayāḍāt as sarīr (pl)	بياضات السرير
Kissen (n)	wisāda (f)	وسادة
Kissenbezug (m)	kīs al wisāda (m)	كيس الوسادة
Bettdecke (f)	baṭṭāniyya (f)	بطّانيّة
Laken (n)	milāya (f)	ملاية
Tagesdecke (f)	ɣiṭā' as sarīr (m)	غطاء السرير

91. Küche

Küche (f)	maṭbaχ (m)	مطبخ
Gas (n)	ɣāz (m)	غاز
Gasherd (m)	butuɣāz (m)	بوتوغاز
Elektroherd (m)	furn kaharabā'iy (m)	فرن كهربائيّ
Backofen (m)	furn (m)	فرن
Mikrowellenherd (m)	furn al mikruwayv (m)	فرن الميكروويف
Kühlschrank (m)	θallāʒa (f)	ثلاجة
Tiefkühltruhe (f)	frīzir (m)	فريزير
Geschirrspülmaschine (f)	ɣassāla (f)	غسّالة
Fleischwolf (m)	farrāmat laḥm (f)	فرّامة لحم
Saftpresse (f)	ʿaṣṣāra (f)	عصّارة
Toaster (m)	maḥmaṣat χubz (f)	محمصة خبز
Mixer (m)	χallāṭ (m)	خلّاط

Kaffeemaschine (f)	mākinat ṣanʿ al qahwa (f)	ماكينة صنع القهوة
Kaffeekanne (f)	kanaka (f)	كنكة
Kaffeemühle (f)	maṭḥanat qahwa (f)	مطحنة قهوة
Wasserkessel (m)	barrād (m)	برّاد
Teekanne (f)	barrād aʃ ʃāy (m)	برّاد الشاي
Deckel (m)	ɣiṭāʾ (m)	غطاء
Teesieb (n)	miṣfāt (f)	مصفاة
Löffel (m)	milʿaqa (f)	ملعقة
Teelöffel (m)	milʿaqat ʃāy (f)	ملعقة شاي
Esslöffel (m)	milʿaqa kabīra (f)	ملعقة كبيرة
Gabel (f)	ʃawka (f)	شوكة
Messer (n)	sikkīn (m)	سكّين
Geschirr (n)	ṣuḥūn (pl)	صحون
Teller (m)	ṭabaq (m)	طبق
Untertasse (f)	ṭabaq finʒān (m)	طبق فنجان
Schnapsglas (n)	kaʾs (f)	كأس
Glas (n)	kubbāya (f)	كبّاية
Tasse (f)	finʒān (m)	فنجان
Zuckerdose (f)	sukkariyya (f)	سكّريّة
Salzstreuer (m)	mamlaḥa (f)	مملحة
Pfefferstreuer (m)	mabhara (f)	مبهرة
Butterdose (f)	ṣuḥn zubda (m)	صحن زبدة
Kochtopf (m)	kassirūlla (f)	كاسرولة
Pfanne (f)	ṭāsa (f)	طاسة
Schöpflöffel (m)	miɣrafa (f)	مغرفة
Durchschlag (m)	miṣfāt (f)	مصفاة
Tablett (n)	ṣīniyya (f)	صينيّة
Flasche (f)	zuʒāʒa (f)	زجاجة
Glas (Einmachglas)	barṭamān (m)	برطمان
Dose (f)	tanaka (f)	تنكة
Flaschenöffner (m)	fattāḥa (f)	فتّاحة
Dosenöffner (m)	fattāḥa (f)	فتّاحة
Korkenzieher (m)	barrīma (f)	برّيمة
Filter (n)	filtir (m)	فلتر
filtern (vt)	ṣaffa	صفّى
Müll (m)	zubāla (f)	زبالة
Mülleimer, Treteimer (m)	ṣundūq az zubāla (m)	صندوق الزبالة

92. Bad

Badezimmer (n)	ḥammām (m)	حمّام
Wasser (n)	māʾ (m)	ماء
Wasserhahn (m)	ḥanafiyya (f)	حنفيّة
Warmwasser (n)	māʾ sāχin (m)	ماء ساخن
Kaltwasser (n)	māʾ bārid (m)	ماء بارد

Zahnpasta (f)	maʿʒūn asnān (m)	معجون أسنان
Zähne putzen	naẓẓaf al asnān	نظّف الأسنان
Zahnbürste (f)	furʃat asnān (f)	فرشة أسنان
sich rasieren	ḥalaq	حلق
Rasierschaum (m)	raɣwa lil ḥilāqa (f)	رغوة للحلاقة
Rasierer (m)	mūs ḥilāqa (m)	موس حلاقة
waschen (vt)	ɣasal	غسل
sich waschen	istaḥamm	إستحمّ
Dusche (f)	dūʃ (m)	دوش
sich duschen	aχað ad duʃ	أخذ الدش
Badewanne (f)	ḥawḍ istiḥmām (m)	حوض استحمام
Klosettbecken (n)	mirḥāḍ (m)	مرحاض
Waschbecken (n)	ḥawḍ (m)	حوض
Seife (f)	ṣābūn (m)	صابون
Seifenschale (f)	ṣabbāna (f)	صبّانة
Schwamm (m)	līfa (f)	ليفة
Shampoo (n)	ʃāmbū (m)	شامبو
Handtuch (n)	fūṭa (f)	فوطة
Bademantel (m)	θawb ḥammām (m)	ثوب حمّام
Wäsche (f)	ɣasīl (m)	غسيل
Waschmaschine (f)	ɣassāla (f)	غسّالة
waschen (vt)	ɣasal al malābis	غسل الملابس
Waschpulver (n)	masḥūq ɣasīl (m)	مسحوق غسيل

93. Haushaltsgeräte

Fernseher (m)	tilivizyūn (m)	تليفزيون
Tonbandgerät (n)	ʒihāz tasʒīl (m)	جهاز تسجيل
Videorekorder (m)	ʒihāz tasʒīl vidiyu (m)	جهاز تسجيل فيديو
Empfänger (m)	ʒihāz radiyu (m)	جهاز راديو
Player (m)	blayir (m)	بليير
Videoprojektor (m)	ʿāriḍ vidiyu (m)	عارض فيديو
Heimkino (n)	sinima manziliyya (f)	سينما منزليّة
DVD-Player (m)	di vi di (m)	دي في دي
Verstärker (m)	mukabbir aṣ ṣawt (m)	مكبّر الصوت
Spielkonsole (f)	ʾatāri (m)	أتاري
Videokamera (f)	kamira vidiyu (f)	كاميرا فيديو
Kamera (f)	kamira (f)	كاميرا
Digitalkamera (f)	kamira diʒital (f)	كاميرا ديجيتال
Staubsauger (m)	miknasa kahrabāʾiyya (f)	مكنسة كهربائيّة
Bügeleisen (n)	makwāt (f)	مكواة
Bügelbrett (n)	lawḥat kayy (f)	لوحة كيّ
Telefon (n)	hātif (m)	هاتف
Mobiltelefon (n)	hātif maḥmūl (m)	هاتف محمول

Schreibmaschine (f)	'āla katiba (f)	آلة كاتبة
Nähmaschine (f)	'ālat al χiyāṭa (f)	آلة الخياطة
Mikrophon (n)	mikrufūn (m)	ميكروفون
Kopfhörer (m)	sammā'āt ra'siya (pl)	سمّاعات رأسيّة
Fernbedienung (f)	rimuwt kuntrūl (m)	ريموت كنترول
CD (f)	si di (m)	سي دي
Kassette (f)	ʃarīṭ (m)	شريط
Schallplatte (f)	usṭuwāna (f)	أسطوانة

94. Reparaturen. Renovierung

Renovierung (f)	taʒdīdāt (m)	تجديدات
renovieren (vt)	ʒaddad	جدّد
reparieren (vt)	aṣlaḥ	أصلح
in Ordnung bringen	naẓẓam	نظّم
noch einmal machen	a'ād	أعاد
Farbe (f)	dihān (m)	دهان
streichen (vt)	dahan	دهن
Anstreicher (m)	dahhān (m)	دهّان
Pinsel (m)	furʃat lit talwīn (f)	فرشة للتلوين
Kalkfarbe (f)	maḥlūl mubayyiḍ (m)	محلول مبيّض
weißen (vt)	bayyaḍ	بيّض
Tapete (f)	waraq ḥī'ṭān (m)	ورق حيطان
tapezieren (vt)	laṣaq waraq al ḥīṭān	لصق ورق الحيطان
Lack (z.B. Parkettlack)	warnīʃ (m)	ورنيش
lackieren (vt)	ṭala bil warnīʃ	طلى بالورنيش

95. Rohrleitungen

Wasser (n)	mā' (m)	ماء
Warmwasser (n)	mā' sāχin (m)	ماء ساخن
Kaltwasser (n)	mā' bārid (m)	ماء بارد
Wasserhahn (m)	ḥanafiyya (f)	حنفيّة
Tropfen (m)	qaṭara (f)	قطرة
tropfen (vi)	qaṭar	قطر
durchsickern (vi)	sarab	سرب
Leck (n)	tasarrub (m)	تسرّب
Lache (f)	birka (f)	بركة
Rohr (n)	māsūra (f)	ماسورة
Ventil (n)	ṣimām (m)	صمام
sich verstopfen	kān masdūdan	كان مسدودًا
Werkzeuge (pl)	adawāt (pl)	أدوات
Engländer (m)	miftāḥ inʒlīziy (m)	مفتاح إنجليزيّ
abdrehen (vt)	fataḥ	فتح

zudrehen (vt)	aḥkam aʃ ʃadd	أحكم الشدّ
reinigen (Rohre ~)	sallak	سلّك
Klempner (m)	sabbāk (m)	سبّاك
Keller (m)	sirdāb (m)	سرداب
Kanalisation (f)	ʃabakit il maʒāry (f)	شبكة مياه المجاري

96. Feuer. Brand

Feuer (n)	ḥarīq (m)	حريق
Flamme (f)	ʃu'la (f)	شعلة
Funke (m)	ʃarāra (f)	شرارة
Rauch (m)	duχān (m)	دخان
Fackel (f)	ʃu'la (f)	شعلة
Lagerfeuer (n)	nār muχayyam (m)	نار مخيّم
Benzin (n)	banzīn (m)	بنزين
Kerosin (n)	kirusīn (m)	كيروسين
brennbar	qābil lil iḥtirāq	قابل للإحتراق
explosiv	mutafaʒʒir	متفجّر
RAUCHEN VERBOTEN!	mamnū' at tadχīn	ممنوع التدخين
Sicherheit (f)	amn (m)	أمن
Gefahr (f)	χaṭar (m)	خطر
gefährlich	χaṭīr	خطير
sich entflammen	iʃta'al	إشتعل
Explosion (f)	infiʒār (m)	إنفجار
in Brand stecken	aʃ'al an nār	أشعل النار
Brandstifter (m)	muʃ'il ḥarīq (m)	مشعل حريق
Brandstiftung (f)	iḥrāq (m)	إحراق
flammen (vi)	talahhab	تلهّب
brennen (vi)	iḥtaraq	إحترق
verbrennen (vi)	iḥtaraq	إحترق
die Feuerwehr rufen	istad'a qism al ḥarīq	إستدعى قسم الحريق
Feuerwehrmann (m)	raʒul iṭfā' (m)	رجل إطفاء
Feuerwehrauto (n)	sayyārat iṭfā' (f)	سيّارة إطفاء
Feuerwehr (f)	qism iṭfā' (m)	قسم إطفاء
Drehleiter (f)	sullam iṭfā' (m)	سلّم إطفاء
Feuerwehrschlauch (m)	χarṭūm al mā' (m)	خرطوم الماء
Feuerlöscher (m)	miṭfa'at ḥarīq (f)	مطفأة حريق
Helm (m)	χūða (f)	خوذة
Sirene (f)	ṣaffārat inðār (f)	صفّارة إنذار
schreien (vi)	ṣaraχ	صرخ
um Hilfe rufen	istaɣāθ	إستغاث
Retter (m)	munqið (m)	منقذ
retten (vt)	anqað	أنقذ
ankommen (vi)	waṣal	وصل
löschen (vt)	aṭfa'	أطفأ
Wasser (n)	mā' (m)	ماء

Sand (m)	raml (m)	رمل
Trümmer (pl)	ḥiṭām (pl)	حطام
zusammenbrechen (vi)	inhār	إنهار
einfallen (vi)	inhār	إنهار
einstürzen (Decke)	inhār	إنهار
Bruchstück (n)	ḥiṭma (f)	حطمة
Asche (f)	ramād (m)	رماد
ersticken (vi)	iχtanaq	إختنق
ums Leben kommen	halak	هلك

AKTIVITÄTEN DES MENSCHEN

Beruf. Geschäft. Teil 1

97. Bankgeschäft

Bank (f)	bank (m)	بنك
Filiale (f)	far' (m)	فرع
Berater (m)	muwazzaf bank (m)	موظّف بنك
Leiter (m)	mudīr (m)	مدير
Konto (n)	ḥisāb (m)	حساب
Kontonummer (f)	raqm al ḥisāb (m)	رقم الحساب
Kontokorrent (n)	ḥisāb ʒāri (m)	حساب جار
Sparkonto (n)	ḥisāb tawfīr (m)	حساب توفير
ein Konto eröffnen	fataḥ ḥisāb	فتح حسابا
das Konto schließen	aɣlaq ḥisāb	أغلق حسابا
einzahlen (vt)	awda' fil ḥisāb	أودع في الحساب
abheben (vt)	saḥab min al ḥisāb	سحب من الحساب
Einzahlung (f)	wadī'a (f)	وديعة
eine Einzahlung machen	awda'	أودع
Überweisung (f)	ḥawāla (f)	حوالة
überweisen (vt)	ḥawwal	حوّل
Summe (f)	mablaɣ (m)	مبلغ
Wieviel?	kam?	كم؟
Unterschrift (f)	tawqī' (m)	توقيع
unterschreiben (vt)	waqqa'	وقّع
Kreditkarte (f)	biṭāqat i'timān (f)	بطاقة ائتمان
Code (m)	kūd (m)	كود
Kreditkartennummer (f)	raqm biṭāqat i'timān (m)	رقم بطاقة إئتمان
Geldautomat (m)	ṣarrāf 'āliy (m)	صراف آليّ
Scheck (m)	ʃīk (m)	شيك
einen Scheck schreiben	katab ʃīk	كتب شيكًا
Scheckbuch (n)	daftar ʃīkāt (m)	دفتر شيكات
Darlehen (m)	qarḍ (m)	قرض
ein Darlehen beantragen	qaddam ṭalab lil ḥuṣūl 'ala qarḍ	قدّم طلبا للحصول على قرض
ein Darlehen aufnehmen	ḥaṣal 'ala qarḍ	حصل على قرض
ein Darlehen geben	qaddam qarḍ	قدّم قرضا
Sicherheit (f)	ḍamān (m)	ضمان

98. Telefon. Telefongespräche

Telefon (n)	hātif (m)	هاتف
Mobiltelefon (n)	hātif maḥmūl (m)	هاتف محمول
Anrufbeantworter (m)	muʒīb al hātif (m)	مجيب الهاتف
anrufen (vt)	ittaṣal	إتّصل
Anruf (m)	mukālama tilifuniyya (f)	مكالمة تليفونية
eine Nummer wählen	ittaṣal bi raqm	إتّصل برقم
Hallo!	alu!	ألو!
fragen (vt)	sa'al	سأل
antworten (vi)	radd	ردّ
hören (vt)	samiʿ	سمع
gut (~ aussehen)	ʒayyidan	جيّداً
schlecht (Adv)	sayyi'an	سيّئاً
Störungen (pl)	taʃwīʃ (m)	تشويش
Hörer (m)	sammāʿa (f)	سمّاعة
den Hörer abnehmen	rafaʿ as sammāʿa	رفع السمّاعة
auflegen (den Hörer ~)	qafal as sammāʿa	قفل السمّاعة
besetzt	maʃɣūl	مشغول
läuten (vi)	rann	رنّ
Telefonbuch (n)	dalīl at tilifūn (m)	دليل التليفون
Orts-	maḥalliyya	ة محلّيّة
Ortsgespräch (n)	mukālama hātifiyya maḥalliyya (f)	مكالمة هاتفيّة محلّيّة
Auslands-	duwaliy	دوليّ
Auslandsgespräch (n)	mukālama duwaliyya (f)	مكالمة دوليّة
Fern-	baʿīd al mada	بعيد المدى
Ferngespräch (n)	mukālama baʿīdat al mada (f)	مكالمة بعيدة المدى

99. Mobiltelefon

Mobiltelefon (n)	hātif maḥmūl (m)	هاتف محمول
Display (n)	ʒihāz ʿarḍ (m)	جهاز عرض
Knopf (m)	zirr (m)	زرّ
SIM-Karte (f)	sim kart (m)	سيم كارت
Batterie (f)	baṭṭāriyya (f)	بطّاريّة
leer sein (Batterie)	χalaṣat	خلصت
Ladegerät (n)	ʃāḥin (m)	شاحن
Menü (n)	qā'ima (f)	قائمة
Einstellungen (pl)	awḍāʿ (pl)	أوضاع
Melodie (f)	naɣma (f)	نغمة
auswählen (vt)	iχtār	إختار
Rechner (m)	'āla ḥāsiba (f)	آلة حاسبة
Anrufbeantworter (m)	barīd ṣawtiy (m)	بريد صوتيّ

Wecker (m)	munabbih (m)	منبّه
Kontakte (pl)	ʒihāt al ittiṣāl (pl)	جهات الإتّصال
SMS-Nachricht (f)	risāla qaṣīra ɛsɛmɛs (f)	sms رسالة قصيرة
Teilnehmer (m)	muʃtarik (m)	مشترك

100. Bürobedarf

Kugelschreiber (m)	qalam ʒāf (m)	قلم جاف
Federhalter (m)	qalam rīʃa (m)	قلم ريشة
Bleistift (m)	qalam ruṣāṣ (m)	قلم رصاص
Faserschreiber (m)	markir (m)	ماركر
Filzstift (m)	qalam χaṭṭāṭ (m)	قلم خطاط
Notizblock (m)	muðakkira (f)	مذكّرة
Terminkalender (m)	ʒadwal al aʿmāl (m)	جدول الأعمال
Lineal (n)	masṭara (f)	مسطرة
Rechner (m)	ʾāla ḥāsiba (f)	آلة حاسبة
Radiergummi (m)	astīka (f)	استيكة
Reißzwecke (f)	dabbūs (m)	دبّوس
Heftklammer (f)	dabbūs waraq (m)	دبّوس ورق
Klebstoff (m)	ṣamɣ (m)	صمغ
Hefter (m)	dabbāsa (f)	دبّاسة
Locher (m)	χarrāma (m)	خرّامة
Bleistiftspitzer (m)	mibrāt (f)	مبراة

Arbeit. Geschäft. Teil 2

101. Massenmedien

Zeitung (f)	ʒarīda (f)	جريدة
Zeitschrift (f)	maʒalla (f)	مجلّة
Presse (f)	ṣiḥāfa (f)	صحافة
Rundfunk (m)	iðā'a (f)	إذاعة
Rundfunkstation (f)	maḥaṭṭat iðā'a (f)	محطّة إذاعة
Fernsehen (n)	tilivizyūn (m)	تليفزيون
Moderator (m)	mu'addim (m)	مقدّم
Sprecher (m)	muðī' (m)	مذيع
Kommentator (m)	mu'alliq (m)	معلّق
Journalist (m)	ṣuḥufiy (m)	صحفيّ
Korrespondent (m)	murāsil (m)	مراسل
Bildberichterstatter (m)	muṣawwir ṣuḥufiy (m)	مصوّر صحفيّ
Reporter (m)	ṣuḥufiy (m)	صحفيّ
Redakteur (m)	muḥarrir (m)	محرّر
Chefredakteur (m)	ra'īs taḥrīr (m)	رئيس تحرير
abonnieren (vt)	iʃtarak	إشترك
Abonnement (n)	iʃtirāk (m)	إشتراك
Abonnent (m)	muʃtarik (m)	مشترك
lesen (vi, vt)	qara'	قرأ
Leser (m)	qāri' (m)	قارئ
Auflage (f)	tadāwul (m)	تداول
monatlich (Adj)	ʃahriy	شهريّ
wöchentlich (Adj)	usbū'iy	أسبوعيّ
Ausgabe (Zeitschrift)	'adad (m)	عدد
neueste (~ Ausgabe)	ʒadīd	جديد
Titel (m)	'unwān (m)	عنوان
Notiz (f)	maqāla qaṣīra (f)	مقالة قصيرة
Rubrik (f)	'amūd (m)	عمود
Artikel (m)	maqāla (f)	مقالة
Seite (f)	ṣafḥa (f)	صفحة
Reportage (f)	taqrīr (m)	تقرير
Ereignis (n)	ḥadaθ (m)	حدث
Sensation (f)	ḍaʒʒa (f)	ضجّة
Skandal (m)	faḍīḥa (f)	فضيحة
skandalös	fāḍiḥ	فاضح
groß (-er Skandal)	ʃahīr	شهير
Sendung (f)	barnāmaʒ (m)	برنامج
Interview (n)	muqābala (f)	مقابلة

Live-Übertragung (f)	iðāʿa mubāʃira (f)	إذاعة مباشرة
Kanal (m)	qanāt (f)	قناة

102. Landwirtschaft

Landwirtschaft (f)	zirāʿa (f)	زراعة
Bauer (m)	fallāḥ (m)	فلّاح
Bäuerin (f)	fallāḥa (f)	فلّاحة
Farmer (m)	muzāriʿ (m)	مزارع
Traktor (m)	ʒarrār (m)	جرّار
Mähdrescher (m)	ḥaṣṣāda (f)	حصّادة
Pflug (m)	miḥrāθ (m)	محراث
pflügen (vt)	ḥaraθ	حرث
Acker (m)	ḥaql maḥrūθ (m)	حقل محروث
Furche (f)	talam (m)	تلم
säen (vt)	baðar	بذر
Sämaschine (f)	baððāra (f)	بذّارة
Saat (f)	zarʿ (m)	زرع
Sense (f)	miḥaʃʃ (m)	محشّ
mähen (vt)	ḥaʃʃ	حشّ
Schaufel (f)	karīk (m)	مجرفة
graben (vt)	ḥafar	حفر
Hacke (f)	miʿzaqa (f)	معزقة
jäten (vt)	istaʾṣal nabātāt	إستأصل نباتات
Unkraut (n)	ḥaʃīʃa (m)	حشيشة
Gießkanne (f)	miraʃʃa al miyāh (f)	مرشّة المياه
gießen (vt)	saqa	سقى
Bewässerung (f)	saqy (m)	سقي
Heugabel (f)	maðrāt (f)	مذراة
Rechen (m)	midamma (f)	مدمّة
Dünger (m)	samād (m)	سماد
düngen (vt)	sammad	سمّد
Mist (m)	zibd (m)	زبل
Feld (n)	ḥaql (m)	حقل
Wiese (f)	marʒ (m)	مرج
Gemüsegarten (m)	bustān χuḍār (m)	بستان خضار
Obstgarten (m)	bustān (m)	بستان
weiden (vt)	raʿa	رعى
Hirt (m)	rāʿi (m)	راع
Weide (f)	marʿa (m)	مرعى
Viehzucht (f)	tarbiyat al mawāʃi (f)	تربية المواشي
Schafzucht (f)	tarbiyat aɣnām (f)	تربية أغنام

Plantage (f)	mazraʿa (f)	مزرعة
Beet (n)	ḥawḍ (m)	حوض
Treibhaus (n)	dafīʾa (f)	دفيئة
Dürre (f)	ʒafāf (m)	جفاف
dürr, trocken	ʒāff	جافّ
Getreide (n)	ḥubūb (pl)	حبوب
Getreidepflanzen (pl)	maḥāṣīl al ḥubūb (pl)	محاصيل الحبوب
ernten (vt)	ḥaṣad	حصد
Müller (m)	ṭaḥḥān (m)	طحّان
Mühle (f)	ṭāḥūna (f)	طاحونة
mahlen (vt)	ṭaḥan al ḥubūb	طحن الحبوب
Mehl (n)	daqīq (m)	دقيق
Stroh (n)	qaʃʃ (m)	قشّ

103. Gebäude. Bauabwicklung

Baustelle (f)	arḍ bināʾ (f)	أرض بناء
bauen (vt)	bana	بنى
Bauarbeiter (m)	ʿāmil bināʾ (m)	عامل بناء
Projekt (n)	maʃrūʿ (m)	مشروع
Architekt (m)	muhandis miʿmāriy (m)	مهندس معماريّ
Arbeiter (m)	ʿāmil (m)	عامل
Fundament (n)	asās (m)	أساس
Dach (n)	saqf (m)	سقف
Pfahl (m)	watad al asās (f)	وتد الأساس
Wand (f)	ḥāʾiṭ (m)	حائط
Bewehrungsstahl (m)	ḥadīd taslīḥ (m)	حديد تسليح
Gerüst (n)	saqāla (f)	سقالة
Beton (m)	χarasāna (f)	خرسانة
Granit (m)	granīt (m)	جرانيت
Stein (m)	ḥaʒar (m)	حجر
Ziegel (m)	ṭūb (m)	طوب
Sand (m)	raml (m)	رمل
Zement (m)	ismant (m)	إسمنت
Putz (m)	qiṣāra (m)	قصارة
verputzen (vt)	ṭala bil ʒiṣṣ	طلى بالجصّ
Farbe (f)	dihān (m)	دهان
färben (vt)	dahhan	دهّن
Fass (n), Tonne (f)	barmīl (m)	برميل
Kran (m)	rāfiʿa (f)	رافعة
aufheben (vt)	rafaʿ	رفع
herunterlassen (vt)	anzal	أنزل
Planierraupe (f)	ʒarrāfa (f)	جرّافة
Bagger (m)	ḥaffāra (f)	حفّارة

Baggerschaufel (f)	dalw (m)	دلو
graben (vt)	ḥafar	حفر
Schutzhelm (m)	χūða (f)	خوذة

Berufe und Tätigkeiten

104. Arbeitsuche. Kündigung

Arbeit (f), Stelle (f)	ʿamal (m)	عمل
Belegschaft (f)	kawādir (pl)	كوادر
Personal (n)	ṭāqim al ʿāmilīn (m)	طاقم العاملين
Karriere (f)	masār mihniy (m)	مسار مهنيّ
Perspektive (f)	ʾāfāq (pl)	آفاق
Können (n)	mahārāt (pl)	مهارات
Auswahl (f)	iχtiyār (m)	إختيار
Personalagentur (f)	wikālat tawẓīf (f)	وكالة توظيف
Lebenslauf (m)	sīra ðātiyya (f)	سيرة ذاتيّة
Vorstellungsgespräch (n)	muʾābalat ʿamal (f)	مقابلة عمل
Vakanz (f)	waẓīfa χāliya (f)	وظيفة خالية
Gehalt (n)	murattab (m)	مرتّب
festes Gehalt (n)	rātib θābit (m)	راتب ثابت
Arbeitslohn (m)	uʒra (f)	أجرة
Stellung (f)	manṣib (m)	منصب
Pflicht (f)	wāʒib (m)	واجب
Aufgabenspektrum (n)	maʒmūʿa min al wāʒibāt (f)	مجموعة من الواجبات
beschäftigt	maʃɣūl	مشغول
kündigen (vt)	aqāl	أقال
Kündigung (f)	iqāla (m)	إقالة
Arbeitslosigkeit (f)	biṭāla (f)	بطالة
Arbeitslose (m)	ʿāṭil (m)	عاطل
Rente (f), Ruhestand (m)	maʿāʃ (m)	معاش
in Rente gehen	uḥīl ʿalal maʿāʃ	أحيل على المعاش

105. Geschäftsleute

Direktor (m)	mudīr (m)	مدير
Leiter (m)	mudīr (m)	مدير
Boss (m)	mudīr (m), raʾīs (m)	مدير, رئيس
Vorgesetzte (m)	raʾīs (m)	رئيس
Vorgesetzten (pl)	ruʾasāʾ (pl)	رؤساء
Präsident (m)	raʾīs (m)	رئيس
Vorsitzende (m)	raʾīs (m)	رئيس
Stellvertreter (m)	nāʾib (m)	نائب
Helfer (m)	musāʿid (m)	مساعد

Sekretär (m)	sikirtīr (m)	سكرتير
Privatsekretär (m)	sikritīr χāṣṣ (m)	سكرتير خاصّ
Geschäftsmann (m)	raʒul aʿmāl (m)	رجل أعمال
Unternehmer (m)	rāʾid aʿmāl (m)	رائد أعمال
Gründer (m)	muʾassis (m)	مؤسّس
gründen (vt)	assas	أسّس
Gründungsmitglied (n)	muʾassis (m)	مؤسّس
Partner (m)	ʃarīk (m)	شريك
Aktionär (m)	musāhim (m)	مساهم
Millionär (m)	milyunīr (m)	مليونير
Milliardär (m)	milyardīr (m)	ملياردير
Besitzer (m)	ṣāḥib (m)	صاحب
Landbesitzer (m)	ṣāḥib al arḍ (m)	صاحب الأرض
Kunde (m)	ʿamīl (m)	عميل
Stammkunde (m)	ʿamīl dāʾim (m)	عميل دائم
Käufer (m)	muʃtari (m)	مشتر
Besucher (m)	zāʾir (m)	زائر
Fachmann (m)	muḥtarif (m)	محترف
Experte (m)	χabīr (m)	خبير
Spezialist (m)	mutaχaṣṣiṣ (m)	متخصّص
Bankier (m)	ṣāḥib maṣraf (m)	صاحب مصرف
Makler (m)	simsār (m)	سمسار
Kassierer (m)	ṣarrāf (m)	صرّاف
Buchhalter (m)	muḥāsib (m)	محاسب
Wächter (m)	ḥāris amn (m)	حارس أمن
Investor (m)	mustaθmir (m)	مستثمر
Schuldner (m)	mudīn (m)	مدين
Gläubiger (m)	dāʾin (m)	دائن
Kreditnehmer (m)	muqtariḍ (m)	مقترض
Importeur (m)	mustawrid (m)	مستورد
Exporteur (m)	muṣaddir (m)	مصدّر
Hersteller (m)	aʃ ʃarika al muṣniʿa (f)	الشركة المصنعة
Distributor (m)	muwazziʿ (m)	موزّع
Vermittler (m)	wasīṭ (m)	وسيط
Berater (m)	mustaʃār (m)	مستشار
Vertreter (m)	mandūb mabiʿāt (m)	مندوب مبيعات
Agent (m)	wakīl (m)	وكيل
Versicherungsagent (m)	wakīl at taʾmīn (m)	وكيل التأمين

106. Dienstleistungsberufe

Koch (m)	ṭabbāχ (m)	طبّاخ
Chefkoch (m)	ʃāf (m)	شاف

Bäcker (m)	χabbāz (m)	خبّاز
Barmixer (m)	bārman (m)	بارمان
Kellner (m)	nādil (m)	نادل
Kellnerin (f)	nādila (f)	نادلة
Rechtsanwalt (m)	muḥāmi (m)	محام
Jurist (m)	muḥāmi (m)	محام
Notar (m)	muwaθθaq (m)	موثّق
Elektriker (m)	kahrabā'iy (m)	كهربائيّ
Klempner (m)	sabbāk (m)	سبّاك
Zimmermann (m)	naʒʒār (m)	نجّار
Masseur (m)	mudallik (m)	مدلّك
Masseurin (f)	mudallika (f)	مدلّكة
Arzt (m)	ṭabīb (m)	طبيب
Taxifahrer (m)	sā'iq taksi (m)	سائق تاكسي
Fahrer (m)	sā'iq (m)	سائق
Ausfahrer (m)	sā'i (m)	ساع
Zimmermädchen (n)	'āmilat tanẓīf ɣuraf (f)	عاملة تنظيف غرف
Wächter (m)	ḥāris amn (m)	حارس أمن
Flugbegleiterin (f)	muḍīfat ṭayarān (f)	مضيفة طيران
Lehrer (m)	mudarris madrasa (m)	مدرّس مدرسة
Bibliothekar (m)	amīn maktaba (m)	أمين مكتبة
Übersetzer (m)	mutarʒim (m)	مترجم
Dolmetscher (m)	mutarʒim fawriy (m)	مترجم فوريّ
Fremdenführer (m)	murʃid (m)	مرشد
Friseur (m)	ḥallāq (m)	حلّاق
Briefträger (m)	sā'i al barīd (m)	ساعي البريد
Verkäufer (m)	bā'i' (m)	بائع
Gärtner (m)	bustāniy (m)	بستانيّ
Diener (m)	χādim (m)	خادم
Magd (f)	χādima (f)	خادمة
Putzfrau (f)	'āmilat tanẓīf (f)	عاملة تنظيف

107. Militärdienst und Ränge

einfacher Soldat (m)	ʒundiy (m)	جنديّ
Feldwebel (m)	raqīb (m)	رقيب
Leutnant (m)	mulāzim (m)	ملازم
Hauptmann (m)	naqīb (m)	نقيب
Major (m)	rā'id (m)	رائد
Oberst (m)	'aqīd (m)	عقيد
General (m)	ʒinirāl (m)	جنرال
Marschall (m)	mārʃāl (m)	مارشال
Admiral (m)	amirāl (m)	أميرال
Militärperson (f)	'askariy (m)	عسكريّ
Soldat (m)	ʒundiy (m)	جنديّ

Offizier (m)	ḍābiṭ (m)	ضابط
Kommandeur (m)	qā'id (m)	قائد
Grenzsoldat (m)	ḥāris ḥudūd (m)	حارس حدود
Funker (m)	'āmil lāsilkiy (m)	عامل لاسلكيّ
Aufklärer (m)	mustakʃif (m)	مستكشف
Pionier (m)	muhandis 'askariy (m)	مهندس عسكريّ
Schütze (m)	rāmi (m)	رام
Steuermann (m)	mallāḥ (m)	ملّاح

108. Beamte. Priester

König (m)	malik (m)	ملك
Königin (f)	malika (f)	ملكة
Prinz (m)	amīr (m)	أمير
Prinzessin (f)	amīra (f)	أميرة
Zar (m)	qayṣar (m)	قيصر
Zarin (f)	qayṣara (f)	قيصرة
Präsident (m)	ra'īs (m)	رئيس
Minister (m)	wazīr (m)	وزير
Ministerpräsident (m)	ra'īs wuzarā' (m)	رئيس وزراء
Senator (m)	'uḍw maʒlis aʃ ʃuyūχ (m)	عضو مجلس الشيوخ
Diplomat (m)	diblumāsiy (m)	دبلوماسيّ
Konsul (m)	qunṣul (m)	قنصل
Botschafter (m)	safīr (m)	سفير
Ratgeber (m)	mustaʃār (m)	مستشار
Beamte (m)	muwaẓẓaf (m)	موظّف
Präfekt (m)	ra'īs idārat al ḥayy (m)	رئيس إدارة الحيّ
Bürgermeister (m)	ra'īs al baladiyya (m)	رئيس البلديّة
Richter (m)	qāḍi (m)	قاض
Staatsanwalt (m)	mudda'i (m)	مدعٍ
Missionar (m)	mubaʃʃir (m)	مبشّر
Mönch (m)	rāhib (m)	راهب
Abt (m)	ra'īs ad dayr (m)	رئيس الدير
Rabbiner (m)	ḥāχām (m)	حاخام
Wesir (m)	wazīr (m)	وزير
Schah (n)	ʃāh (m)	شاه
Scheich (m)	ʃɛyχ (m)	شيخ

109. Landwirtschaftliche Berufe

Bienenzüchter (m)	naḥḥāl (m)	نحّال
Hirt (m)	rā'i (m)	راع
Agronom (m)	muhandis zirā'iy (m)	مهندس زراعيّ

Viehzüchter (m)	murabbi al mawāʃi (m)	مربّي المواشي
Tierarzt (m)	ṭabīb bayṭariy (m)	طبيب بيطريّ
Farmer (m)	muzāriʿ (m)	مزارع
Winzer (m)	ṣāniʿ an nabīð (m)	صانع النبيذ
Zoologe (m)	xabīr fi ʿilm al ḥayawān (m)	خبير في علم الحيوان
Cowboy (m)	rāʿi al baqar (m)	راعي البقر

110. Künstler

Schauspieler (m)	mumaθθil (m)	ممثّل
Schauspielerin (f)	mumaθθila (f)	ممثّلة
Sänger (m)	muɣanni (m)	مغنّ
Sängerin (f)	muɣanniya (f)	مغنّية
Tänzer (m)	rāqiṣ (m)	راقص
Tänzerin (f)	rāqiṣa (f)	راقصة
Künstler (m)	fannān (m)	فنّان
Künstlerin (f)	fannāna (f)	فنّانة
Musiker (m)	ʿāzif (m)	عازف
Pianist (m)	ʿāzif biyānu (m)	عازف بيانو
Gitarrist (m)	ʿāzif gitār (m)	عازف جيتار
Dirigent (m)	qāʾid urkistra (m)	قائد أركسترا
Komponist (m)	mulaḥḥin (m)	ملحّن
Manager (m)	mudīr firqa (m)	مدير فرقة
Regisseur (m)	muxriʒ (m)	مخرج
Produzent (m)	muntiʒ (m)	منتج
Drehbuchautor (m)	kātib sināriyu (m)	كاتب سيناريو
Kritiker (m)	nāqid (m)	ناقد
Schriftsteller (m)	kātib (m)	كاتب
Dichter (m)	ʃāʿir (m)	شاعر
Bildhauer (m)	naḥḥāt (m)	نحّات
Maler (m)	rassām (m)	رسّام
Jongleur (m)	bahlawān (m)	بهلوان
Clown (m)	muharriʒ (m)	مهرّج
Akrobat (m)	bahlawān (m)	بهلوان
Zauberkünstler (m)	sāḥir (m)	ساحر

111. Verschiedene Berufe

Arzt (m)	ṭabīb (m)	طبيب
Krankenschwester (f)	mumarriḍa (f)	ممرّضة
Psychiater (m)	ṭabīb nafsiy (m)	طبيب نفسيّ
Zahnarzt (m)	ṭabīb al asnān (m)	طبيب الأسنان
Chirurg (m)	ʒarrāḥ (m)	جرّاح

Astronaut (m)	rā'id faḍā' (m)	رائد فضاء
Astronom (m)	'ālim falak (m)	عالم فلك
Pilot (m)	ṭayyār (m)	طيّار
Fahrer (Taxi-)	sā'iq (m)	سائق
Lokomotivführer (m)	sā'iq (m)	سائق
Mechaniker (m)	mikanīkiy (m)	ميكانيكيّ
Bergarbeiter (m)	'āmil manʒam (m)	عامل منجم
Arbeiter (m)	'āmil (m)	عامل
Schlosser (m)	qaffāl (m)	قفّال
Tischler (m)	naʒʒār (m)	نجّار
Dreher (m)	χarrāṭ (m)	خرّاط
Bauarbeiter (m)	'āmil binā' (m)	عامل بناء
Schweißer (m)	laḥḥām (m)	لحّام
Professor (m)	brufissūr (m)	بروفيسور
Architekt (m)	muhandis mi'māriy (m)	مهندس معماريّ
Historiker (m)	mu'arriχ (m)	مؤرّخ
Wissenschaftler (m)	'ālim (m)	عالم
Physiker (m)	fizyā'iy (m)	فيزيائيّ
Chemiker (m)	kimyā'iy (m)	كيميائيّ
Archäologe (m)	'ālim'āθār (m)	عالم آثار
Geologe (m)	ʒiulūʒiy (m)	جيولوجيّ
Forscher (m)	bāḥiθ (m)	باحث
Kinderfrau (f)	murabbiyat aṭfāl (f)	مربّية الأطفال
Lehrer (m)	mu'allim (m)	معلّم
Redakteur (m)	muḥarrir (m)	محرّر
Chefredakteur (m)	ra'īs taḥrīr (m)	رئيس تحرير
Korrespondent (m)	murāsil (m)	مراسل
Schreibkraft (f)	kātiba 'alal 'āla al kātiba (f)	كاتبة على الآلة الكاتبة
Designer (m)	muṣammim (m)	مصمّم
Computerspezialist (m)	mutaχaṣṣiṣ bil kumbyūtir (m)	متخصّص بالكمبيوتر
Programmierer (m)	mubarmiʒ (m)	مبرمج
Ingenieur (m)	muhandis (m)	مهندس
Seemann (m)	baḥḥār (m)	بحّار
Matrose (m)	baḥḥār (m)	بحّار
Retter (m)	munqið (m)	منقذ
Feuerwehrmann (m)	raʒul iṭfā' (m)	رجل إطفاء
Polizist (m)	ʃurṭiy (m)	شرطيّ
Nachtwächter (m)	ḥāris (m)	حارس
Detektiv (m)	muḥaqqiq (m)	محقّق
Zollbeamter (m)	muwaẓẓaf al ʒamārik (m)	موظّف الجمارك
Leibwächter (m)	ḥāris ʃaχṣiy (m)	حارس شخصيّ
Gefängniswärter (m)	ḥāris siʒn (m)	حارس سجن
Inspektor (m)	mufattiʃ (m)	مفتّش
Sportler (m)	riyāḍiy (m)	رياضيّ
Trainer (m)	mudarrib (m)	مدرّب

Fleischer (m)	ʒazzār (m)	جزّار
Schuster (m)	iskāfiy (m)	إسكافيّ
Geschäftsmann (m)	tāʒir (m)	تاجر
Ladearbeiter (m)	ḥammāl (m)	حمّال
Modedesigner (m)	muṣammim azyā' (m)	مصمّم أزياء
Modell (n)	mudīl (f)	موديل

112. Beschäftigung. Sozialstatus

Schüler (m)	tilmīð (m)	تلميذ
Student (m)	ṭālib (m)	طالب
Philosoph (m)	faylasūf (m)	فيلسوف
Ökonom (m)	iqtiṣādiy (m)	إقتصاديّ
Erfinder (m)	muχtariʿ (m)	مخترع
Arbeitslose (m)	ʿāṭil (m)	عاطل
Rentner (m)	mutaqāʿid (m)	متقاعد
Spion (m)	ʒāsūs (m)	جاسوس
Gefangene (m)	saʒīn (m)	سجين
Streikender (m)	muḍrib (m)	مضرب
Bürokrat (m)	buruqrāṭiy (m)	بيوروقراطيّ
Reisende (m)	raḥḥāla (m)	رحّالة
Homosexuelle (m)	miθliy ʒinsiyyan (m)	مثليّ جنسيًا
Hacker (m)	hākir (m)	هاكر
Hippie (m)	hippi (m)	هيبيّ
Bandit (m)	qāṭiʿ ṭarīq (m)	قاطع طريق
Killer (m)	qātil ma'ʒūr (m)	قاتل مأجور
Drogenabhängiger (m)	mudmin muχaddirāt (m)	مدمن مخدّرات
Drogenhändler (m)	tāʒir muχaddirāt (m)	تاجر مخدّرات
Prostituierte (f)	ʿāhira (f)	عاهرة
Zuhälter (m)	qawwād (m)	قوّاد
Zauberer (m)	sāḥir (m)	ساحر
Zauberin (f)	sāḥira (f)	ساحرة
Seeräuber (m)	qurṣān (m)	قرصان
Sklave (m)	ʿabd (m)	عبد
Samurai (m)	samurāy (m)	ساموراي
Wilde (m)	mutawaḥḥiʃ (m)	متوحّش

Sport

113. Sportarten. Persönlichkeiten des Sports

Sportler (m)	riyāḍiy (m)	رياضيّ
Sportart (f)	naw' min ar riyāḍa (m)	نوع من الرياضة
Basketball (m)	kurat as salla (f)	كرة السلّة
Basketballspieler (m)	lā'ib kūrat as salla (m)	لاعب كرة السلّة
Baseball (m, n)	kurat al qā'ida (f)	كرة القاعدة
Baseballspieler (m)	lā'ib kurat al qā'ida (m)	لاعب كرة القاعدة
Fußball (m)	kurat al qadam (f)	كرة القدم
Fußballspieler (m)	lā'ib kurat al qadam (m)	لاعب كرة القدم
Torwart (m)	ḥāris al marma (m)	حارس المرمى
Eishockey (n)	huki (m)	هوكي
Eishockeyspieler (m)	lā'ib huki (m)	لاعب هوكي
Volleyball (m)	al kura aṭ ṭā'ira (m)	الكرة الطائرة
Volleyballspieler (m)	lā'ib al kura aṭ ṭā'ira (m)	لاعب الكرة الطائرة
Boxen (n)	mulākama (f)	ملاكمة
Boxer (m)	mulākim (m)	ملاكم
Ringen (n)	muṣāra'a (f)	مصارعة
Ringkämpfer (m)	muṣāri' (m)	مصارع
Karate (n)	karatī (m)	كاراتيه
Karatekämpfer (m)	lā'ib karatī (m)	لاعب كاراتيه
Judo (n)	ʒudu (m)	جودو
Judoka (m)	lā'ib ʒudu (m)	لاعب جودو
Tennis (n)	tinis (m)	تنس
Tennisspieler (m)	lā'ib tinnis (m)	لاعب تنس
Schwimmen (n)	sibāḥa (f)	سباحة
Schwimmer (m)	sabbāḥ (m)	سبّاح
Fechten (n)	musāyafa (f)	مسايفة
Fechter (m)	mubāriz (m)	مبارز
Schach (n)	ʃaṭranʒ (m)	شطرنج
Schachspieler (m)	lā'ib ʃaṭranʒ (m)	لاعب شطرنج
Bergsteigen (n)	tasalluq al ʒibāl (m)	تسلّق الجبال
Bergsteiger (m)	mutasalliq al ʒibāl (m)	متسلّق الجبال
Lauf (m)	ʒary (m)	جري

Läufer (m)	'addā' (m)	عدّاء
Leichtathletik (f)	al'āb al qiwa (pl)	ألعاب القوى
Athlet (m)	lā'ib riyāḍiy (m)	لاعب رياضيّ
Pferdesport (m)	riyāḍat al furūsiyya (f)	رياضة الفروسيّة
Reiter (m)	fāris (m)	فارس
Eiskunstlauf (m)	tazalluʒ fanniy 'alal ʒalīd (m)	تزلّج فنّيّ على الجليد
Eiskunstläufer (m)	mutazalliʒ fanniy (m)	متزلّج فنّيّ
Eiskunstläuferin (f)	mutazalliʒa fanniyya (f)	متزلّجة فنّيّة
Gewichtheben (n)	raf' al aθqāl (m)	رفع الأثقال
Gewichtheber (m)	rāfi' al aθqāl (m)	رافع الأثقال
Autorennen (n)	sibāq as sayyārāt (m)	سباق السيّارات
Rennfahrer (m)	sā'iq sibāq (m)	سائق سباق
Radfahren (n)	sibāq ad darrāʒāt (m)	سباق الدرّاجات
Radfahrer (m)	lā'ib ad darrāʒāt (m)	لاعب الدرّاجات
Weitsprung (m)	al qafz aṭ ṭawīl (m)	القفز الطويل
Stabhochsprung (m)	al qafz biz zāna (m)	القفز بالزانة
Springer (m)	qāfiz (m)	قافز

114. Sportarten. Verschiedenes

American Football (m)	kurat al qadam (f)	كرة القدم
Federballspiel (n)	kurat ar rīʃa (f)	كرة الريشة
Biathlon (n)	al biatlūn (m)	البياثلون
Billard (n)	bilyārdu (m)	بلياردو
Bob (m)	zallāʒa ʒama'iyya (f)	زلّاجة جماعيّة
Bodybuilding (n)	kamāl aʒsām (m)	كمال أجسام
Wasserballspiel (n)	kurat al mā' (f)	كرة الماء
Handball (m)	kurat al yad (f)	كرة اليد
Golf (n)	gūlf (m)	جولف
Rudern (n)	taʒðīf (m)	تجذيف
Tauchen (n)	al ɣawṣ taḥt al mā' (m)	الغوص تحت الماء
Skilanglauf (m)	riyāḍat al iski (f)	رياضة الإسكي
Tischtennis (n)	kurat aṭ ṭāwila (f)	كرة الطاولة
Segelsport (m)	riyāḍa ibḥār al marākib (f)	رياضة إبحار المراكب
Rallye (f, n)	sibāq as sayyārāt (m)	سباق السيّارات
Rugby (n)	raɣbi (m)	رغبي
Snowboard (n)	tazalluʒ 'laθ θulūʒ (m)	تزلّج على الثلوج
Bogenschießen (n)	rimāya (f)	رماية

115. Fitnessstudio

Hantel (f)	ḥadīda (f)	حديدة
Hanteln (pl)	dambilz (m)	دمبلز

Trainingsgerät (n)	ʒihāz tadrīb (m)	جهاز تدريب
Fahrradtrainer (m)	darrāʒat tadrīb (f)	درّاجة تدريب
Laufband (n)	ʒihāz al maʃy (m)	جهاز المشي
Reck (n)	ʿuqla (f)	عقلة
Barren (m)	al mutawāzi (m)	المتوازي
Sprungpferd (n)	hisān al maqābiḍ (m)	حصان المقابض
Matte (f)	ḥaṣīra (f)	حصيرة
Sprungseil (n)	ḥabl an naṭṭ (m)	حبل النطّ
Aerobic (n)	at tamrīnāt al hiwā'iyya (pl)	التمرينات الهوائية
Yoga (m)	yūga (f)	يوجا

116. Sport. Verschiedenes

Olympische Spiele (pl)	alʿāb ulumbiyya (pl)	ألعاب أولمبيّة
Sieger (m)	fā'iz (m)	فائز
siegen (vi)	fāz	فاز
gewinnen (Sieger sein)	fāz	فاز
Tabellenführer (m)	zaʿīm (m)	زعيم
führen (vi)	taqaddam	تقدّم
der erste Platz	al martaba al ūla (f)	المرتبة الأولى
der zweite Platz	al martaba aθ θāniya (f)	المرتبة الثانية
der dritte Platz	al martaba aθ θāliθa (f)	المرتبة الثالثة
Medaille (f)	midāliyya (f)	ميداليّة
Trophäe (f)	ʒā'iza (f)	جائزة
Pokal (m)	ka's (m)	كأس
Siegerpreis m (m)	ʒā'iza (f)	جائزة
Hauptpreis (m)	akbar ʒā'iza (f)	أكبر جائزة
Rekord (m)	raqm qiyāsiy (m)	رقم قياسيّ
einen Rekord aufstellen	fāz bi raqm qiyāsiy	فاز برقم قياسيّ
Finale (n)	mubarāt nihā'iyya (f)	مباراة نهائيّة
Final-	nihā'iy	نهائيّ
Meister (m)	baṭal (m)	بطل
Meisterschaft (f)	buṭūla (f)	بطولة
Stadion (n)	malʿab (m)	ملعب
Tribüne (f)	mudarraʒ (m)	مدرّج
Fan (m)	muʃaʒʒiʿ (m)	مشجّع
Gegner (m)	ʿaduww (m)	عدو
Start (m)	χaṭṭ al bidāya (m)	خطّ البداية
Ziel (n), Finish (n)	χaṭṭ an nihāya (m)	خطّ النهاية
Niederlage (f)	hazīma (f)	هزيمة
verlieren (vt)	χasir	خسر
Schiedsrichter (m)	ḥakam (m)	حكم
Jury (f)	hay'at al ḥukm (f)	هيئة الحكم

Ergebnis (n)	natīʒa (f)	نتيجة
Unentschieden (n)	taʿādul (m)	تعادل
unentschieden spielen	taʿādal	تعادل
Punkt (m)	nuqṭa (f)	نقطة
Ergebnis (n)	natīʒa nihāʾiyya (f)	نتيجة نهائية
Spielabschnitt (m)	ʃawṭ (m)	شوط
Halbzeit (f), Pause (f)	istirāḥa ma bayn aʃ ʃawṭayn (f)	إستراحة ما بين الشوطين
Doping (n)	munaʃʃiṭāt (pl)	منشّطات
bestrafen (vt)	ʿāqab	عاقب
disqualifizieren (vt)	ḥaram	حرم
Sportgerät (n)	maʿadd riyāḍiy (f)	معدّ رياضيّ
Speer (m)	rumḥ (m)	رمح
Kugel (im Kugelstoßen)	ʒulla (f)	جلّة
Kugel (f), Ball (m)	kura (f)	كرة
Ziel (n)	hadaf (m)	هدف
Zielscheibe (f)	hadaf (m)	هدف
schießen (vi)	aṭlaq an nār	أطلق النار
genau (Adj)	maḍbūṭ	مضبوط
Trainer (m)	mudarrib (m)	مدرّب
trainieren (vt)	darrab	درّب
trainieren (vi)	tadarrab	تدرّب
Training (n)	tadrīb (m)	تدريب
Turnhalle (f)	markaz li liyāqa badaniyya (m)	مركز للياقة بدنيّة
Übung (f)	tamrīn (m)	تمرين
Aufwärmen (n)	tasχīn (m)	تسخين

Ausbildung

117. Schule

Schule (f)	madrasa (f)	مدرسة
Schulleiter (m)	mudīr madrasa (m)	مدير مدرسة
Schüler (m)	tilmīð (m)	تلميذ
Schülerin (f)	tilmīða (f)	تلميذة
Schuljunge (m)	tilmīð (m)	تلميذ
Schulmädchen (f)	tilmīða (f)	تلميذة
lehren (vt)	ʿallam	علّم
lernen (Englisch ~)	taʿallam	تعلّم
auswendig lernen	ḥafaẓ	حفظ
lernen (vi)	taʿallam	تعلّم
in der Schule sein	daras	درس
die Schule besuchen	ðahab ilal madrasa	ذهب إلى المدرسة
Alphabet (n)	alifbāʾ (m)	ألفباء
Fach (n)	mādda (f)	مادّة
Klassenraum (m)	faṣl (m)	فصل
Stunde (f)	dars (m)	درس
Pause (f)	istirāḥa (f)	إستراحة
Schulglocke (f)	ʒaras al madrasa (m)	جرس المدرسة
Schulbank (f)	taχta lil madrasa (m)	تختة للمدرسة
Tafel (f)	sabbūra (f)	سبّورة
Note (f)	daraʒa (f)	درجة
gute Note (f)	daraʒa ʒayyida (f)	درجة جيّدة
schlechte Note (f)	daraʒa ɣayr ʒayyida (f)	درجة غير جيّدة
eine Note geben	aʿṭa daraʒa	أعطى درجة
Fehler (m)	χaṭaʾ (m)	خطأ
Fehler machen	aχṭaʾ	أخطأ
korrigieren (vt)	ṣaḥḥaḥ	صحّح
Spickzettel (m)	waraqat ɣaʃʃ (f)	ورقة غشّ
Hausaufgabe (f)	wāʒib manziliy (m)	واجب منزليّ
Übung (f)	tamrīn (m)	تمرين
anwesend sein	ḥaḍar	حضر
fehlen (in der Schule ~)	ɣāb	غاب
versäumen (Schule ~)	taɣayyab ʿan al madrasa	تغيّب عن المدرسة
bestrafen (vt)	ʿāqab	عاقب
Strafe (f)	ʿuqūba (f),ʿiqāb (m)	عقوبة, عقاب
Benehmen (n)	sulūk (m)	سلوك

Zeugnis (n)	at taqrīr al madrasiy (m)	التقرير المدرسيّ
Bleistift (m)	qalam ruṣāṣ (m)	قلم رصاص
Radiergummi (m)	astīka (f)	استيكة
Kreide (f)	ṭabāʃīr (m)	طباشير
Federkasten (m)	maqlama (f)	مقلمة
Schulranzen (m)	ʃanṭat al madrasa (f)	شنطة المدرسة
Kugelschreiber, Stift (m)	qalam (m)	قلم
Heft (n)	daftar (m)	دفتر
Lehrbuch (n)	kitāb taʿlīm (m)	كتاب تعليم
Zirkel (m)	barʒal (m)	برجل
zeichnen (vt)	rasam rasm taqniy	رسم رسمًا تقنيًا
Zeichnung (f)	rasm taqniy (m)	رسم تقنيّ
Gedicht (n)	qaṣīda (f)	قصيدة
auswendig (Adv)	ʿan ẓahr qalb	عن ظهر قلب
auswendig lernen	ḥafaẓ	حفظ
Ferien (pl)	ʿuṭla madrasiyya (f)	عطلة مدرسيّة
in den Ferien sein	ʿindahu ʿuṭla	عنده عطلة
Ferien verbringen	qaḍa al ʿuṭla	قضى العطلة
Test (m), Prüfung (f)	imtiḥān (m)	إمتحان
Aufsatz (m)	inʃāʾ (m)	إنشاء
Diktat (n)	imlāʾ (m)	إملاء
Prüfung (f)	imtiḥān (m)	إمتحان
Prüfungen ablegen	marr al imtiḥān	مرّ الإمتحان
Experiment (n)	taʒriba (f)	تجربة

118. Hochschule. Universität

Akademie (f)	akadīmiyya (f)	أكاديميّة
Universität (f)	ʒāmiʿa (f)	جامعة
Fakultät (f)	kulliyya (f)	كليّة
Student (m)	ṭālib (m)	طالب
Studentin (f)	ṭāliba (f)	طالبة
Lehrer (m)	muḥāḍir (m)	محاضر
Hörsaal (m)	mudarraʒ (m)	مدرّج
Hochschulabsolvent (m)	mutaχarriʒ (m)	متخرّج
Diplom (n)	diblūma (f)	دبلومة
Dissertation (f)	risāla ʿilmiyya (f)	رسالة علميّة
Forschung (f)	dirāsa (f)	دراسة
Labor (n)	muχtabar (m)	مختبر
Vorlesung (f)	muḥāḍara (f)	محاضرة
Kommilitone (m)	zamīl fiṣ ṣaff (m)	زميل في الصفّ
Stipendium (n)	minḥa dirāsiyya (f)	منحة دراسيّة
akademischer Grad (m)	daraʒa ʿilmiyya (f)	درجة علميّة

119. Naturwissenschaften. Fächer

Mathematik (f)	riyāḍīyyāt (pl)	رياضيّات
Algebra (f)	al ʒabr (m)	الجبر
Geometrie (f)	handasa (f)	هندسة
Astronomie (f)	ʿilm al falak (m)	علم الفلك
Biologie (f)	ʿilm al aḥyāʾ (m)	علم الأحياء
Erdkunde (f)	ʒuɣrāfiya (f)	جغرافيا
Geologie (f)	ʒiulūʒiya (f)	جيولوجيا
Geschichte (f)	tarīχ (m)	تاريخ
Medizin (f)	ṭibb (m)	طبّ
Pädagogik (f)	ʿilm at tarbiya (f)	علم التربية
Recht (n)	qānūn (m)	قانون
Physik (f)	fizyāʾ (f)	فيزياء
Chemie (f)	kimyāʾ (f)	كيمياء
Philosophie (f)	falsafa (f)	فلسفة
Psychologie (f)	ʿilm an nafs (m)	علم النفس

120. Schrift Rechtschreibung

Grammatik (f)	an naḥw waṣ ṣarf (m)	النحو والصرف
Lexik (f)	mufradāt al luɣa (pl)	مفردات اللغة
Phonetik (f)	ṣawtīyyāt (pl)	صوتيّات
Substantiv (n)	ism (m)	إسم
Adjektiv (n)	ṣifa (f)	صفة
Verb (n)	fiʿl (m)	فعل
Adverb (n)	ẓarf (m)	ظرف
Pronomen (n)	ḍamīr (m)	ضمير
Interjektion (f)	ḥarf nidāʾ (m)	حرف نداء
Präposition (f)	ḥarf al ʒarr (m)	حرف الجرّ
Wurzel (f)	ʒiðr al kalima (m)	جذر الكلمة
Endung (f)	nihāya (f)	نهاية
Vorsilbe (f)	sābiqa (f)	سابقة
Silbe (f)	maqṭaʿ lafẓiy (m)	مقطع لفظيّ
Suffix (n), Nachsilbe (f)	lāḥiqa (f)	لاحقة
Betonung (f)	nabra (f)	نبرة
Apostroph (m)	ʿalāmat ḥaðf (f)	علامة حذف
Punkt (m)	nuqṭa (f)	نقطة
Komma (n)	fāṣila (f)	فاصلة
Semikolon (n)	nuqṭa wa fāṣila (f)	نقطة وفاصلة
Doppelpunkt (m)	nuqṭatān raʾsiyyatān (du)	نقطتان رأسيتان
Auslassungspunkte (pl)	θalāθ nuqaṭ (pl)	ثلاث نقط
Fragezeichen (n)	ʿalāmat istifhām (f)	علامة إستفهام
Ausrufezeichen (n)	ʾalāmat taʿaʒʒub (f)	علامة تعجّب

Anführungszeichen (pl)	'alāmāt al iqtibās (pl)	علامات الإقتباس
in Anführungszeichen	bayn 'alāmatay al iqtibās	بين علامتي الإقتباس
runde Klammern (pl)	qawsān (du)	قوسان
in Klammern	bayn al qawsayn	بين القوسين
Bindestrich (m)	'alāmat waṣl (f)	علامة وصل
Gedankenstrich (m)	ʃurṭa (f)	شرطة
Leerzeichen (n)	farāɣ (m)	فراغ
Buchstabe (m)	ḥarf (m)	حرف
Großbuchstabe (m)	ḥarf kabīr (m)	حرف كبير
Vokal (m)	ḥarf ṣawtiy (m)	حرف صوتيّ
Konsonant (m)	ḥarf sākin (m)	حرف ساكن
Satz (m)	ʒumla (f)	جملة
Subjekt (n)	fā'il (m)	فاعل
Prädikat (n)	musnad (m)	مسند
Zeile (f)	saṭr (m)	سطر
in einer neuen Zeile	min bidāyat as saṭr	من بداية السطر
Absatz (m)	fiqra (f)	فقرة
Wort (n)	kalima (f)	كلمة
Wortverbindung (f)	maʒmū'a min al kalimāt (pl)	مجموعة من الكلمات
Redensart (f)	'ibāra (f)	عبارة
Synonym (n)	murādif (m)	مرادف
Antonym (n)	mutaḍādd luɣawiy (m)	متضادّ
Regel (f)	qā'ida (f)	قاعدة
Ausnahme (f)	istiθnā' (m)	إستثناء
richtig (Adj)	ṣaḥīḥ	صحيح
Konjugation (f)	ṣarf (m)	صرف
Deklination (f)	taṣrīf al asmā' (m)	تصريف الأسماء
Kasus (m)	ḥāla ismiyya (f)	حالة إسميّة
Frage (f)	su'āl (m)	سؤال
unterstreichen (vt)	waḍa' χaṭṭ taḥt	وضع خطًا تحت
punktierte Linie (f)	χaṭṭ munaqqaṭ (m)	خط منقّط

121. Fremdsprachen

Sprache (f)	luɣa (f)	لغة
Fremd-	aʒnabiy	أجنبيّ
Fremdsprache (f)	luɣa aʒnabiyya (f)	لغة أجنبيّة
studieren (z.B. Jura ~)	daras	درس
lernen (Englisch ~)	ta'allam	تعلّم
lesen (vi, vt)	qara'	قرأ
sprechen (vi, vt)	takallam	تكلّم
verstehen (vt)	fahim	فهم
schreiben (vi, vt)	katab	كتب
schnell (Adv)	bi sur'a	بسرعة
langsam (Adv)	bi buṭ'	ببطء

fließend (Adv)	bi ṭalāqa	بطلاقة
Regeln (pl)	qawā'id (pl)	قواعد
Grammatik (f)	an naḥw waṣ ṣarf (m)	النحو والصرف
Vokabular (n)	mufradāt al luɣa (pl)	مفردات اللغة
Phonetik (f)	ṣawtīyyāt (pl)	صوتيّات
Lehrbuch (n)	kitāb ta'līm (m)	كتاب تعليم
Wörterbuch (n)	qāmūs (m)	قاموس
Selbstlernbuch (n)	kitāb ta'līm ðātiy (m)	كتاب تعليم ذاتيّ
Sprachführer (m)	kitāb lil 'ibārāt aʃ ʃā'i'a (m)	كتاب للعبارت الشائعة
Kassette (f)	ʃarīṭ (m)	شريط
Videokassette (f)	ʃarī'ṭ vidiyu (m)	شريط فيديو
CD (f)	si di (m)	سي دي
DVD (f)	di vi di (m)	دي في دي
Alphabet (n)	alifbā' (m)	الفباء
buchstabieren (vt)	tahaʒʒa	تهجّى
Aussprache (f)	nuṭq (m)	نطق
Akzent (m)	lukna (f)	لكنة
mit Akzent	bi lukna	بلكنة
ohne Akzent	bi dūn lukna	بدون لكنة
Wort (n)	kalima (f)	كلمة
Bedeutung (f)	ma'na (m)	معنى
Kurse (pl)	dawra (f)	دورة
sich einschreiben	saʒʒal ismahu	سجّل إسمه
Lehrer (m)	mudarris (m)	مدرّس
Übertragung (f)	tarʒama (f)	ترجمة
Übersetzung (f)	tarʒama (f)	ترجمة
Übersetzer (m)	mutarʒim (m)	مترجم
Dolmetscher (m)	mutarʒim fawriy (m)	مترجم فوريّ
Polyglott (m, f)	'alīm bi 'iddat luɣāt (m)	عليم بعدّة لغات
Gedächtnis (n)	ðākira (f)	ذاكرة

122. Märchenfiguren

Weihnachtsmann (m)	baba nuwīl (m)	بابا نويل
Aschenputtel (n)	sindrīla	سيندريلا
Nixe (f)	ḥūriyyat al baḥr (f)	حوريّة البحر
Neptun (m)	nibtūn (m)	نبتون
Zauberer (m)	sāḥir (m)	ساحر
Zauberin (f)	sāḥira (f)	ساحرة
magisch, Zauber-	siḥriy	سحريّ
Zauberstab (m)	'aṣa siḥriyya (f)	عصا سحريّة
Märchen (n)	ḥikāya χayāliyya (f)	حكاية خياليّة
Wunder (n)	mu'ʒiza (f)	معجزة
Zwerg (m)	qazam (m)	قزم

sich verwandeln in ...	taḥawwal ila ...	تحوّل إلى...
Geist (m)	ʃabaḥ (m)	شبح
Gespenst (n)	ʃabaḥ (m)	شبح
Ungeheuer (n)	waḥʃ (m)	وحش
Drache (m)	tinnīn (m)	تنّين
Riese (m)	ʿimlāq (m)	عملاق

123. Sternzeichen

Widder (m)	burʒ al ḥamal (m)	برج الحمل
Stier (m)	burʒ aθ θawr (m)	برج الثور
Zwillinge (pl)	burʒ al ʒawzāʾ (m)	برج الجوزاء
Krebs (m)	burʒ as saraṭān (m)	برج السرطان
Löwe (m)	burʒ al asad (m)	برج الأسد
Jungfrau (f)	burʒ al ʿaðrāʾ (m)	برج العذراء
Waage (f)	burʒ al mīzān (m)	برج الميزان
Skorpion (m)	burʒ al ʿaqrab (m)	برج العقرب
Schütze (m)	burʒ al qaws (m)	برج القوس
Steinbock (m)	burʒ al ʒaday (m)	برج الجدي
Wassermann (m)	burʒ ad dalw (m)	برج الدلو
Fische (pl)	burʒ al ḥūt (m)	برج الحوت
Charakter (m)	ṭabʿ (m)	طبع
Charakterzüge (pl)	aṣ ṣifāt aʃ ʃaχṣiyya (pl)	الصفات الشخصيّة
Benehmen (n)	sulūk (m)	سلوك
wahrsagen (vt)	tanabbaʾ	تنبّأ
Wahrsagerin (f)	ʿarrāfa (f)	عرّافة
Horoskop (n)	tawaqquʿāt al abrāʒ (pl)	توقّعات الأبراج

Kunst

124. Theater

Theater (n)	masraḥ (m)	مسرح
Oper (f)	ubra (f)	أوبرا
Operette (f)	ubirīt (f)	أوبريت
Ballett (n)	balīh (m)	باليه
Theaterplakat (n)	mulṣaq (m)	ملصق
Truppe (f)	firqa (f)	فرقة
Tournee (f)	ʒawlat fannānīn (f)	جولة فنّانين
auf Tournee sein	taʒawwal	تجوّل
proben (vt)	aʒra bruvāt	أجرى بروفات
Probe (f)	brūva (f)	بروفة
Spielplan (m)	barnāmaʒ al masraḥ (m)	برنامج المسرح
Aufführung (f)	adā' fanniy (m)	أداء فنّيّ
Vorstellung (f)	ʿarḍ masraḥiy (m)	عرض مسرحيّ
Theaterstück (n)	masraḥiyya (f)	مسرحيّة
Karte (f)	taðkira (f)	تذكرة
Theaterkasse (f)	ʃubbāk at taðākir (m)	شبّاك التذاكر
Halle (f)	ṣāla (f)	صالة
Garderobe (f)	ɣurfat al maʿāṭif (f)	غرفة المعاطف
Garderobennummer (f)	biṭāqat ʾīdāʿ al maʿāṭif (f)	بطاقة إيداع المعاطف
Opernglas (n)	minẓār (m)	منظار
Platzanweiser (m)	ḥāʒib (m)	حاجب
Parkett (n)	karāsi al urkistra (pl)	كراسي الأوركسترا
Balkon (m)	balakūna (f)	بلكونة
der erste Rang	ʃurfa (f)	شرفة
Loge (f)	lūʒ (m)	لوج
Reihe (f)	ṣaff (m)	صفّ
Platz (m)	maqʿad (m)	مقعد
Publikum (n)	ʒumhūr (m)	جمهور
Zuschauer (m)	muʃāhid (m)	مشاهد
klatschen (vi)	ṣaffaq	صفّق
Applaus (m)	taṣfīq (m)	تصفيق
Ovation (f)	taṣfīq ḥārr (m)	تصفيق حارّ
Bühne (f)	xaʃabat al masraḥ (f)	خشبة المسرح
Vorhang (m)	sitāra (f)	ستارة
Dekoration (f)	dikūr (m)	ديكور
Kulissen (pl)	kawalīs (pl)	كواليس
Szene (f)	maʃhad (m)	مشهد
Akt (m)	faṣl (m)	فصل
Pause (f)	istirāḥa (f)	إستراحة

125. Kino

Schauspieler (m)	mumaθθil (m)	ممثّل
Schauspielerin (f)	mumaθθila (f)	ممثّلة
Kino (n)	sinima (f)	سينما
Film (m)	film sinimā'iy (m)	فيلم سينمائيّ
Folge (f)	ʒuz' min al film (m)	جزء من الفيلم
Krimi (m)	film bulīsiy (m)	فيلم بوليسيّ
Actionfilm (m)	film ḥaraka (m)	فيلم حركة
Abenteuerfilm (m)	film muɣāmarāt (m)	فيلم مغامرات
Science-Fiction-Film (m)	film χayāl 'ilmiy (m)	فيلم خيال علميّ
Horrorfilm (m)	film ru'b (m)	فيلم رعب
Komödie (f)	film kumīdiya (f)	فيلم كوميديا
Melodrama (n)	miludrāma (m)	ميلودراما
Drama (n)	drāma (f)	دراما
Spielfilm (m)	film fanniy (m)	فيلم فنّيّ
Dokumentarfilm (m)	film waθā'iqiy (m)	فيلم وثائقيّ
Zeichentrickfilm (m)	film kartūn (m)	فيلم كرتون
Stummfilm (m)	sinima ṣāmita (f)	سينما صامتة
Rolle (f)	dawr (m)	دور
Hauptrolle (f)	dawr ra'īsi (m)	دور رئيسي
spielen (Schauspieler)	maθθal	مثّل
Filmstar (m)	naʒm sinimā'iy (m)	نجم سينمائيّ
bekannt	ma'rūf	معروف
berühmt	maʃhūr	مشهور
populär	maḥbūb	محبوب
Drehbuch (n)	sināriyu (m)	سيناريو
Drehbuchautor (m)	kātib sināriyu (m)	كاتب سيناريو
Regisseur (m)	muχriʒ (m)	مخرج
Produzent (m)	muntiʒ (m)	منتج
Assistent (m)	musā'id (m)	مساعد
Kameramann (m)	muṣawwir (m)	مصوّر
Stuntman (m)	mu'addi maʃahid χaṭīra (m)	مؤدّي مشاهد خطيرة
Double (n)	mumaθθil badīl (m)	ممثّل بديل
einen Film drehen	ṣawwar film	صوّر فيلمًا
Probe (f)	taʒribat adā' (f)	تجربة أداء
Dreharbeiten (pl)	taṣwīr (m)	تصوير
Filmteam (n)	ṭāqim al film (m)	طاقم الفيلم
Filmset (m)	mintaqat at taṣwīr (f)	منطقة التصوير
Filmkamera (f)	kamira sinimā'iyya (f)	كاميرا سينمائيّة
Kino (n)	sinima (f)	سينما
Leinwand (f)	ʃāʃa (f)	شاشة
einen Film zeigen	'araḍ film	عرض فيلمًا
Tonspur (f)	musīqa taṣwīriyya (f)	موسيقى تصويريّة
Spezialeffekte (pl)	mu'aθθirāt χāṣṣa (pl)	مؤثّرات خاصّة

Untertitel (pl)	tarʒamat al ḥiwār (f)	ترجمة الحوار
Abspann (m)	ʃārat an nihāya (f)	شارة النهاية
Übersetzung (f)	tarʒama (f)	ترجمة

126. Gemälde

Kunst (f)	fann (m)	فنّ
schönen Künste (pl)	funūn ʒamīla (pl)	فنون جميلة
Kunstgalerie (f)	ma'raḍ fanniy (m)	معرض فنّي
Kunstausstellung (f)	ma'raḍ fanniy (m)	معرض فنّي
Malerei (f)	taṣwīr (m)	تصوير
Graphik (f)	rusūmiyyāt (pl)	رسوميّات
abstrakte Kunst (f)	fann taʒrīdiy (m)	فنّ تجريديّ
Impressionismus (m)	al inṭibā'iyya (f)	الإنطباعيّة
Bild (n)	lawḥa (f)	لوحة
Zeichnung (Kohle- usw.)	rasm (m)	رسم
Plakat (n)	mulṣaq i'lāniy (m)	ملصق إعلانيّ
Illustration (f)	rasm tawḍīḥiy (m)	رسم توضيحيّ
Miniatur (f)	ṣūra muṣaɣɣara (f)	صورة مصغّرة
Kopie (f)	nusχa (f)	نسخة
Reproduktion (f)	nusχa ṭibq al aṣl (f)	نسخة طبق الأصل
Mosaik (n)	fusayfisā' (f)	فسيفساء
Glasmalerei (f)	zuʒāʒ mu'aʃʃaq (m)	زجاج معشّق
Fresko (n)	taṣwīr ʒiṣṣiy (m)	تصوير جصّيّ
Gravüre (f)	naqʃ (m)	نقش
Büste (f)	timθāl niṣfiy (m)	تمثال نصفيّ
Skulptur (f)	naḥt (m)	نحت
Statue (f)	timθāl (m)	تمثال
Gips (m)	ʒībs (m)	جيبس
aus Gips	min al ʒībs	من الجيبس
Porträt (n)	burtrī (m)	بورتريه
Selbstporträt (n)	burtrīh ðātiy (m)	بورتريه ذاتيّ
Landschaftsbild (n)	lawḥat manẓar ṭabī'iy (f)	لوحة منظر طبيعيّ
Stillleben (n)	ṭabī'a ṣāmita (f)	طبيعة صامتة
Karikatur (f)	ṣūra karikaturiyya (f)	صورة كاريكاتوريّة
Entwurf (m)	rasm tamhīdiy (m)	رسم تمهيديّ
Farbe (f)	lawn (m)	لون
Aquarellfarbe (f)	alwān mā'iyya (m)	ألوان مائية
Öl (n)	zayt (m)	زيت
Bleistift (m)	qalam ruṣāṣ (m)	قلم رصاص
Tusche (f)	ḥibr hindiy (m)	حبر هنديّ
Kohle (f)	faḥm (m)	فحم
zeichnen (vt)	rasam	رسم
malen (vi, vt)	rasam	رسم
Modell stehen	qa'ad	قعد
Modell (Mask.)	mudil ḥay (m)	موديل حيّ

Modell (Fem.)	mudil ḥay (m)	موديل حيّ
Maler (m)	rassām (m)	رسّام
Kunstwerk (n)	'amal fanniy (m)	عمل فنّيّ
Meisterwerk (n)	tuḥfa fanniyya (f)	تحفة فنية
Atelier (n), Werkstatt (f)	warʃa (f)	ورشة
Leinwand (f)	kanava (f)	كانفا
Staffelei (f)	musnad ar rasm (m)	مسند الرسم
Palette (f)	lawḥat al alwān (f)	لوحة الألوان
Rahmen (m)	iṭār (m)	إطار
Restauration (f)	tarmīm (m)	ترميم
restaurieren (vt)	rammam	رمّم

127. Literatur und Dichtkunst

Literatur (f)	adab (m)	أدب
Autor (m)	mu'allif (m)	مؤلّف
Pseudonym (n)	ism musta'ār (m)	إسم مستعار
Buch (n)	kitāb (m)	كتاب
Band (m)	muʒallad (m)	مجلّد
Inhaltsverzeichnis (n)	fihris (m)	فهرس
Seite (f)	ṣafḥa (f)	صفحة
Hauptperson (f)	aʃ ʃaχṣiyya ar ra'īsiyya (f)	الشخصيّة الرئيسيّة
Autogramm (n)	tawqī' al mu'allif (m)	توقيع المؤلّف
Kurzgeschichte (f)	qiṣṣa qaṣīra (f)	قصّة قصيرة
Erzählung (f)	qiṣṣa (f)	قصّة
Roman (m)	riwāya (f)	رواية
Werk (Buch usw.)	mu'allif (m)	مؤلّف
Fabel (f)	ḥikāya (f)	حكاية
Krimi (m)	riwāya bulīsiyya (f)	رواية بوليسيّة
Gedicht (n)	qaṣīda (f)	قصيدة
Dichtung (f), Poesie (f)	ʃi'r (m)	شعر
Gedicht (n)	qaṣīda (f)	قصيدة
Dichter (m)	ʃā'ir (m)	شاعر
schöne Literatur (f)	adab ʒamīl (m)	أدب جميل
Science-Fiction (f)	χayāl 'ilmiy (m)	خيال علميّ
Abenteuer (n)	adab al muɣāmarāt (m)	أدب المغامرات
Schülerliteratur (pl)	adab tarbawiy (m)	أدب تربويّ
Kinderliteratur (f)	adab al aṭfāl (m)	أدب الأطفال

128. Zirkus

Zirkus (m)	sirk (m)	سيرك
Wanderzirkus (m)	sirk mutanaqqil (m)	سيرك متنقّل
Programm (n)	barnāmaʒ (m)	برنامج
Vorstellung (f)	adā' fanniy (m)	أداء فنّيّ
Nummer (f)	dawr (m)	دور

Manege (f)	ḥalbat as sirk (f)	حلبة السيرك
Pantomime (f)	ʻarḍ ʼīmāʼy (m)	عرض إيمائي
Clown (m)	muharriʒ (m)	مهرّج
Akrobat (m)	bahlawān (m)	بهلوان
Akrobatik (f)	alʻāb bahlawāniyya (f)	ألعاب بهلوانيّة
Turner (m)	lāʻib ʒumbāz (m)	لاعب جنباز
Turnen (n)	ʒumbāz (m)	جنباز
Salto (m)	ʃaqlaba (f)	شقلبة
Kraftmensch (m)	lāʻib riyāḍiy (m)	لاعب رياضيّ
Bändiger, Dompteur (m)	murawwiḍ (m)	مروّض
Reiter (m)	fāris (m)	فارس
Assistent (m)	musāʻid (m)	مساعد
Trick (m)	alʻāb bahlawāniyya (f)	ألعاب بهلوانيّة
Zaubertrick (m)	χidʻa siḥriyya (f)	خدعة سحريّة
Zauberkünstler (m)	sāḥir (m)	ساحر
Jongleur (m)	bahlawān (m)	بهلوان
jonglieren (vi)	laʻib bi kurāt ʻadīda	لعب بكرات عديدة
Dresseur (m)	mudarrib ḥayawānāt (m)	مدرّب حيوانات
Dressur (f)	tadrīb al ḥayawānāt (m)	تدريب الحيوانات
dressieren (vt)	darrab	درّب

129. Musik. Popmusik

Musik (f)	musīqa (f)	موسيقى
Musiker (m)	ʻāzif (m)	عازف
Musikinstrument (n)	ʼāla musiqiyya (f)	آلة موسيقيّة
spielen (auf der Gitarre ~)	ʻazaf ...	عزف...
Gitarre (f)	gitār (m)	جيتار
Geige (f)	kamān (m)	كمان
Cello (n)	tʃīlu (m)	تشيلو
Kontrabass (m)	kamān aʒhar (m)	كمان أجهر
Harfe (f)	qiθār (m)	قيثار
Klavier (n)	biānu (m)	بيانو
Flügel (m)	biānu kibīr (m)	بيانو كبير
Orgel (f)	arɣan (m)	أرغن
Blasinstrumente (pl)	ʼālāt nafχiyya (pl)	آلات نفخيّة
Oboe (f)	ubwa (m)	أوبوا
Saxophon (n)	saksufūn (m)	ساكسوفون
Klarinette (f)	klarnīt (m)	كلارنيت
Flöte (f)	flut (m)	فلوت
Trompete (f)	būq (m)	بوق
Akkordeon (n)	ukurdiūn (m)	أكورديون
Trommel (f)	ṭabla (f)	طبلة
Duo (n)	θunāʼiy (m)	ثنائيّ
Trio (n)	θulāθy (m)	ثلاثيّ

Quartett (n)	rubāʿiy (m)	رباعيّ
Chor (m)	χūrus (m)	خورس
Orchester (n)	urkistra (f)	أوركسترا
Popmusik (f)	musīqa al bub (f)	موسيقى البوب
Rockmusik (f)	musīqa ar rūk (f)	موسيقى الروك
Rockgruppe (f)	firqat ar rūk (f)	فرقة الروك
Jazz (m)	ʒāz (m)	جاز
Idol (n)	maʿbūd (m)	معبود
Verehrer (m)	muʿʒab (m)	معجب
Konzert (n)	ḥafla mūsiqiyya (f)	حفلة موسيقيّة
Sinfonie (f)	simfūniyya (f)	سمفونيّة
Komposition (f)	qiṭʿa mūsiqiyya (f)	قطعة موسيقيّة
komponieren (vt)	allaf	ألّف
Gesang (m)	ɣināʾ (m)	غناء
Lied (n)	uɣniyya (f)	أغنيّة
Melodie (f)	laḥn (m)	لحن
Rhythmus (m)	ʾīqāʿ (m)	إيقاع
Blues (m)	musīqa al blūz (f)	موسيقى البلوز
Noten (pl)	nutāt (pl)	نوتات
Taktstock (m)	ʿaṣa al mayistru (m)	عصا المايسترو
Bogen (m)	qaws (m)	قوس
Saite (f)	watar (m)	وتر
Koffer (Violinen-)	ʃanṭa (f)	شنطة

Erholung. Unterhaltung. Reisen

130. Ausflug. Reisen

Tourismus (m)	siyāḥa (f)	سياحة
Tourist (m)	sā'iḥ (m)	سائح
Reise (f)	riḥla (f)	رحلة
Abenteuer (n)	muɣāmara (f)	مغامرة
Fahrt (f)	riḥla (f)	رحلة
Urlaub (m)	'uṭla (f)	عطلة
auf Urlaub sein	'indahu 'uṭla	عنده عطلة
Erholung (f)	istirāḥa (f)	إستراحة
Zug (m)	qiṭār (m)	قطار
mit dem Zug	bil qiṭār	بالقطار
Flugzeug (n)	ṭā'ira (f)	طائرة
mit dem Flugzeug	biṭ ṭā'ira	بالطائرة
mit dem Auto	bis sayyāra	بالسيّارة
mit dem Schiff	bis safīna	بالسفينة
Gepäck (n)	aʃ ʃunaṭ (pl)	الشنط
Koffer (m)	ḥaqībat safar (f)	حقيبة سفر
Gepäckwagen (m)	'arabat ʃunaṭ (f)	عربة شنط
Pass (m)	ʒawāz as safar (m)	جواز السفر
Visum (n)	ta'ʃīra (f)	تأشيرة
Fahrkarte (f)	taðkira (f)	تذكرة
Flugticket (n)	taðkirat ṭā'ira (f)	تذكرة طائرة
Reiseführer (m)	dalīl (m)	دليل
Landkarte (f)	χarīṭa (f)	خريطة
Gegend (f)	mintaqa (f)	منطقة
Ort (wunderbarer ~)	makān (m)	مكان
Exotika (pl)	ɣarāba (f)	غرابة
exotisch	ɣarīb	غريب
erstaunlich (Adj)	mudhiʃ	مدهش
Gruppe (f)	maʒmū'a (f)	مجموعة
Ausflug (m)	ʒawla (f)	جولة
Reiseleiter (m)	murʃid (m)	مرشد

131. Hotel

Hotel (n)	funduq (m)	فندق
Motel (n)	mutīl (m)	موتيل
drei Sterne	θalāθat nuʒūm	ثلاثة نجوم

fünf Sterne	χamsat nuʒūm	خمسة نجوم
absteigen (vi)	nazal	نزل
Hotelzimmer (n)	ɣurfa (f)	غرفة
Einzelzimmer (n)	ɣurfa li ʃaχṣ wāḥid (f)	غرفة لشخص واحد
Zweibettzimmer (n)	ɣurfa li ʃaχṣayn (f)	غرفة لشخصين
reservieren (vt)	ḥaʒaz ɣurfa	حجز غرفة
Halbpension (f)	waʒbitān fil yawm (du)	وجبتان في اليوم
Vollpension (f)	θalāθ waʒabāt fil yawm	ثلاث وجبات في اليوم
mit Bad	bi ḥawḍ al istiḥmām	بحوض الإستحمام
mit Dusche	bid duʃ	بالدوش
Satellitenfernsehen (n)	tilivizyūn faḍāʾiy (m)	تلفزيون فضائيّ
Klimaanlage (f)	takyīf (m)	تكييف
Handtuch (n)	fūṭa (f)	فوطة
Schlüssel (m)	miftāḥ (m)	مفتاح
Verwalter (m)	mudīr (m)	مدير
Zimmermädchen (n)	ʿāmilat tanẓīf ɣuraf (f)	عاملة تنظيف غرف
Träger (m)	ḥammāl (m)	حمّال
Portier (m)	bawwāb (m)	بوّاب
Restaurant (n)	maṭʿam (m)	مطعم
Bar (f)	bār (m)	بار
Frühstück (n)	fuṭūr (m)	فطور
Abendessen (n)	ʿaʃāʾ (m)	عشاء
Buffet (n)	bufīh (m)	بوفيه
Foyer (n)	radha (f)	ردهة
Aufzug (m), Fahrstuhl (m)	miṣʿad (m)	مصعد
BITTE NICHT STÖREN!	ar raʒāʾ ʿadam al izʿāʒ	الرجاء عدم الإزعاج
RAUCHEN VERBOTEN!	mamnūʿ at tadχīn	ممنوع التدخين

132. Bücher. Lesen

Buch (n)	kitāb (m)	كتاب
Autor (m)	muʾallif (m)	مؤلّف
Schriftsteller (m)	kātib (m)	كاتب
verfassen (vt)	allaf	ألّف
Leser (m)	qāriʾ (m)	قارئ
lesen (vi, vt)	qaraʾ	قرأ
Lesen (n)	qirāʾa (f)	قراءة
still (~ lesen)	sirran	سرًا
laut (Adv)	bi ṣawt ʿāli	بصوت عال
verlegen (vt)	naʃar	نشر
Ausgabe (f)	naʃr (m)	نشر
Herausgeber (m)	nāʃir (m)	ناشر
Verlag (m)	dār aṭ ṭibāʿa wan naʃr (f)	دار الطباعة والنشر
erscheinen (Buch)	ṣadar	صدر

Erscheinen (n)	ṣudūr (m)	صدور
Auflage (f)	ʿadad an nusaχ (m)	عدد النسخ
Buchhandlung (f)	maḥall kutub (m)	محلّ كتب
Bibliothek (f)	maktaba (f)	مكتبة
Erzählung (f)	qiṣṣa (f)	قصّة
Kurzgeschichte (f)	qiṣṣa qaṣīra (f)	قصّة قصيرة
Roman (m)	riwāya (f)	رواية
Krimi (m)	riwāya bulīsiyya (f)	رواية بوليسيّة
Memoiren (pl)	muðakkirāt (pl)	مذكّرات
Legende (f)	usṭūra (f)	أسطورة
Mythos (m)	χurāfa (f)	خرافة
Gedichte (pl)	ʃiʿr (m)	شعر
Autobiographie (f)	sīrat ḥayāt (f)	سيرة حياة
ausgewählte Werke (pl)	muχtārāt (pl)	مختارات
Science-Fiction (f)	χayāl ʿilmiy (m)	خيال علميّ
Titel (m)	ʿunwān (m)	عنوان
Einleitung (f)	muqaddima (f)	مقدّمة
Titelseite (f)	ṣafḥat al ʿunwān (f)	صفحة العنوان
Kapitel (n)	faṣl (m)	فصل
Auszug (m)	qiṭʿa (f)	قطعة
Episode (f)	maʃhad (m)	مشهد
Sujet (n)	mawdūʿ (m)	موضوع
Inhalt (m)	muḥtawayāt (pl)	محتويات
Inhaltsverzeichnis (n)	fihris (m)	فهرس
Hauptperson (f)	aʃ ʃaχṣiyya ar raʾīsiyya (f)	الشخصيّة الرئيسيّة
Band (m)	muʒallad (m)	مجلّد
Buchdecke (f)	ɣilāf (m)	غلاف
Einband (m)	taʒlīd (m)	تجليد
Lesezeichen (n)	ʃarīṭ (m)	شريط
Seite (f)	ṣafḥa (f)	صفحة
blättern (vi)	qallab aṣ ṣafaḥāt	قلّب الصفحات
Ränder (pl)	hāmiʃ (m)	هامش
Notiz (f)	mulāḥaza (f)	ملاحظة
Anmerkung (f)	mulāḥaza (f)	ملاحظة
Text (m)	naṣṣ (m)	نصّ
Schrift (f)	nawʿ al χaṭṭ (m)	نوع الخطّ
Druckfehler (m)	χaṭaʾ maṭbaʿiy (m)	خطأ مطبعيّ
Übersetzung (f)	tarʒama (f)	ترجمة
übersetzen (vt)	tarʒam	ترجم
Original (n)	aṣliy (m)	أصليّ
berühmt	maʃhūr	مشهور
unbekannt	ɣayr maʿrūf	غير معروف
interessant	mumtiʿ	ممتع
Bestseller (m)	akθar mabīʿan (m)	أكثر مبيعًا

Wörterbuch (n)	qāmūs (m)	قاموس
Lehrbuch (n)	kitāb ta'līm (m)	كتاب تعليم
Enzyklopädie (f)	mawsū'a (f)	موسوعة

133. Jagen. Fischen

Jagd (f)	ṣayd (m)	صيد
jagen (vi)	iṣṭād	إصطاد
Jäger (m)	ṣayyād (m)	صيّاد
schießen (vi)	aṭlaq an nār	أطلق النار
Gewehr (n)	bunduqiyya (f)	بندقيّة
Patrone (f)	ruṣāṣa (f)	رصاصة
Schrot (n)	raʃʃ (m)	رشّ
Falle (f)	maṣyada (f)	مصيدة
Schlinge (f)	faχχ (m)	فخّ
in die Falle gehen	waqa' fi faχχ	وقع في فخّ
eine Falle stellen	naṣab faχχ	نصب فخّا
Wilddieb (m)	sāriq aṣ ṣayd (m)	سارق الصيد
Wild (n)	ṣayd (m)	صيد
Jagdhund (m)	kalb ṣayd (m)	كلب صيد
Safari (f)	safāri (m)	سفاري
ausgestopftes Tier (n)	ḥayawān muḥannaṭ (m)	حيوان محنّط
Fischer (m)	ṣayyād as samak (m)	صيّاد السمك
Fischen (n)	ṣayd as samak (m)	صيد السمك
angeln, fischen (vt)	iṣṭād as samak	إصطاد السمك
Angel (f)	ṣannāra (f)	صنّارة
Angelschnur (f)	χayṭ (m)	خيط
Haken (m)	ʃaṣṣ aṣ ṣayd (m)	شصّ الصيد
Schwimmer (m)	'awwāma (f)	عوّامة
Köder (m)	ṭu'm (m)	طعم
die Angel auswerfen	ṭaraḥ aṣ ṣinnāra	طرح الصنّارة
anbeißen (vi)	'aḍḍ	عضّ
Fang (m)	as samak al muṣṭād (m)	السمك المصطاد
Eisloch (n)	fatḥa fil ʒalīd (f)	فتحة في الجليد
Netz (n)	ʃabakat aṣ ṣayd (f)	شبكة الصيد
Boot (n)	markab (m)	مركب
mit dem Netz fangen	iṣṭād biʃ ʃabaka	إصطاد بالشبكة
das Netz hineinwerfen	rama ʃabaka	رمى شبكة
das Netz einholen	aχraʒ ʃabaka	أخرج شبكة
ins Netz gehen	waqa' fi ʃabaka	وقع في شبكة
Walfänger (m)	ṣayyād al ḥūt (m)	صيّاد الحوت
Walfangschiff (n)	safīnat ṣayd al ḥītān (f)	سفينة صيد الحيتان
Harpune (f)	ḥarba (f)	حربة

134. Spiele. Billard

Billard (n)	bilyārdu (m)	بلياردو
Billardzimmer (n)	qā'at bilyārdu (m)	قاعة بلياردو
Billardkugel (f)	kura (f)	كرة
eine Kugel einlochen	aṣqaṭ kura	أصقط كرة
Queue (n)	'aṣa bilyardu (f)	عصا بلياردو
Tasche (f), Loch (n)	ʒayb bilyārdu (m)	جيب بلياردو

135. Spiele. Kartenspiele

Karo (n)	ad dināriy (m)	الديناريّ
Pik (n)	al bastūniy (m)	البستونيّ
Herz (n)	al kūba (f)	الكوبة
Kreuz (n)	as sibātiy (m)	السباتيّ
As (n)	'ās (m)	آس
König (m)	malik (m)	ملك
Dame (f)	malika (f)	ملكة
Bube (m)	walad (m)	ولد
Spielkarte (f)	waraqa (f)	ورقة
Karten (pl)	waraq (m)	ورق
Trumpf (m)	waraqa rābiḥa (f)	ورقة رابحة
Kartenspiel (abgenutztes ~)	dasta waraq al la'b (f)	دستة ورق اللعب
Punkt (m)	nuqṭa (f)	نقطة
ausgeben (vt)	farraq	فرّق
mischen (vt)	χallaṭ	خلّط
Zug (m)	dawr (m)	دور
Falschspieler (m)	muḥtāl fil qimār (m)	محتال في القمار

136. Erholung. Spiele. Verschiedenes

spazieren gehen (vi)	tanazzah	تنزّه
Spaziergang (m)	tanazzuh (m)	تنزّه
Fahrt (im Wagen)	ʒawla bis sayyāra (f)	جولة بالسيّارة
Abenteuer (n)	muɣāmara (f)	مغامرة
Picknick (n)	nuzha (f)	نزهة
Spiel (n)	lu'ba (f)	لعبة
Spieler (m)	lā'ib (m)	لاعب
Partie (f)	dawr (m)	دور
Sammler (m)	ʒāmi' (m)	جامع
sammeln (vt)	ʒama'	جمع
Sammlung (f)	maʒmū'a (f)	مجموعة
Kreuzworträtsel (n)	kalimāt mutaqāṭi'a (pl)	كلمات متقاطعة
Rennbahn (f)	ḥalbat sibāq al χuyūl (f)	حلبة سباق الخيول

Diskothek (f)	disku (m)	ديسكو
Sauna (f)	sāuna (f)	ساونا
Lotterie (f)	yanaṣīb (m)	يانصيب
Wanderung (f)	riḥlat taχyīm (f)	رحلة تخييم
Lager (n)	muχayyam (m)	مخيّم
Zelt (n)	χayma (f)	خيمة
Kompass (m)	būṣila (f)	بوصلة
Tourist (m)	muχayyim (m)	مخيّم
fernsehen (vi)	ʃāhid	شاهد
Fernsehzuschauer (m)	muʃāhid (m)	مشاهد
Fernsehsendung (f)	barnāmaʒ tiliviziyūniy (m)	برنامج تليفزيونيّ

137. Fotografie

Kamera (f)	kamira (f)	كاميرا
Foto (n)	ṣūra (f)	صورة
Fotograf (m)	muṣawwir (m)	مصوّر
Fotostudio (n)	istūdiyu taṣwīr (m)	إستوديو تصوير
Fotoalbum (n)	albūm aṣ ṣuwar (m)	ألبوم الصور
Objektiv (n)	ʿadasa (f)	عدسة
Teleobjektiv (n)	ʿadasa tiliskūpiyya (f)	عدسة تلسكوبيّة
Filter (n)	filtir (m)	فلتر
Linse (f)	ʿadasa (f)	عدسة
Optik (f)	aʒhiza baṣariyya (pl)	أجهزة بصريّة
Blende (f)	buʾra (f)	بؤرة
Belichtungszeit (f)	muddat at taʿrīḍ (f)	مدّة التعريض
Sucher (m)	al ʿayn al fāḥiṣa (f)	العين الفاحصة
Digitalkamera (f)	kamira raqmiyya (f)	كاميرا رقميّة
Stativ (n)	ḥāmil θulāθiy (m)	حامل ثلاثيّ
Blitzgerät (n)	flāʃ (m)	فلاش
fotografieren (vt)	ṣawwar	صوّر
aufnehmen (vt)	ṣawwar	صوّر
sich fotografieren lassen	taṣawwar	تصوّر
Fokus (m)	buʾrat al ʿadasa (f)	بؤرة العدسة
den Fokus einstellen	rakkaz	ركّز
scharf (~ abgebildet)	wāḍiḥ	واضح
Schärfe (f)	wuḍūḥ (m)	وضوح
Kontrast (m)	tabāyun (m)	تباين
kontrastreich	mutabāyin	متباين
Aufnahme (f)	ṣūra (f)	صورة
Negativ (n)	ṣūra sāliba (f)	صورة سالبة
Rollfilm (m)	film (m)	فيلم
Einzelbild (n)	iṭār (m)	إطار
drucken (vt)	ṭabaʿ	طبع

138. Strand. Schwimmen

Strand (m)	ʃāṭi' (m)	شاطئ
Sand (m)	raml (m)	رمل
menschenleer	mahʒūr	مهجور
Bräune (f)	sumrat al baʃara (f)	سمرة البشرة
sich bräunen	taʃammas	تشمّس
gebräunt	asmar	أسمر
Sonnencreme (f)	krīm wāqi aʃ ʃams (m)	كريم واقي الشمس
Bikini (m)	bikini (m)	بكيني
Badeanzug (m)	libās sibāḥa (m)	لباس سباحة
Badehose (f)	libās sibāḥa riʒāliy (m)	لباس سباحة رجاليّ
Schwimmbad (n)	masbaḥ (m)	مسبح
schwimmen (vi)	sabaḥ	سبح
Dusche (f)	dūʃ (m)	دوش
sich umkleiden	ɣayyar libāsuh	غيّر لباسه
Handtuch (n)	fūṭa (f)	فوطة
Boot (n)	markab (m)	مركب
Motorboot (n)	lanʃ (m)	لنش
Wasserski (m)	tazalluʒ 'alal mā' (m)	تزلج على الماء
Tretboot (n)	'aʒala mā'iyya (f)	عجلة مائيّة
Surfen (n)	rukūb al amwāʒ (m)	ركوب الأمواج
Surfer (m)	rākib al amwāʒ (m)	راكب الأمواج
Tauchgerät (n)	ʒihāz at tanaffus (m)	جهاز التنفّس
Schwimmflossen (pl)	za'ānif as sibāḥa (pl)	زعانف السباحة
Maske (f)	kimāma (f)	كمامة
Taucher (m)	ɣawwāṣ (m)	غوّاص
tauchen (vi)	ɣāṣ	غاص
unter Wasser	taḥt al mā'	تحت الماء
Sonnenschirm (m)	ʃamsiyya (f)	شمسيّة
Liege (f)	kursiy blāʒ (m)	كرسيّ بلاج
Sonnenbrille (f)	naẓẓārat ʃams (f)	نظّارة شمس
Schwimmmatratze (f)	martaba hawā'iyya (f)	مرتبة هوائيّة
spielen (vi, vt)	la'ib	لعب
schwimmen gehen	sabaḥ	سبح
Ball (m)	kura (f)	كرة
aufblasen (vt)	nafaχ	نفخ
aufblasbar	qābil lin nafχ	قابل للنفخ
Welle (f)	mawʒa (f)	موجة
Boje (f)	ʃamandūra (f)	شمندورة
ertrinken (vi)	ɣariq	غرق
retten (vt)	anqað	أنقذ
Schwimmweste (f)	sutrat naʒāt (f)	سترة نجاة
beobachten (vt)	rāqab	راقب
Bademeister (m)	ḥāris ʃāṭi' (m)	حارس شاطئ

TECHNISCHES ZUBEHÖR. TRANSPORT

Technisches Zubehör

139. Computer

Computer (m)	kumbyūtir (m)	كمبيوتر
Laptop (m), Notebook (n)	kumbyūtir maḥmūl (m)	كمبيوتر محمول
einschalten (vt)	ʃaɣɣal	شغّل
abstellen (vt)	aɣlaq	أغلق
Tastatur (f)	lawḥat al mafātīḥ (f)	لوحة المفاتيح
Taste (f)	miftāḥ (m)	مفتاح
Maus (f)	fa'ra (f)	فأرة
Mousepad (n)	wisādat fa'ra (f)	وسادة فأرة
Knopf (m)	zirr (m)	زرّ
Cursor (m)	mu'aʃʃir (m)	مؤشّر
Monitor (m)	ʃāʃa (f)	شاشة
Schirm (m)	ʃāʃa (f)	شاشة
Festplatte (f)	qurṣ ṣalib (m)	قرص صلب
Festplattengröße (f)	si'at taχzīn (f)	سعة تخزين
Speicher (m)	ðākira (f)	ذاكرة
Arbeitsspeicher (m)	ðākirat al wuṣūl al 'aʃwā'iy (f)	ذاكرة الوصول العشوائيّ
Datei (f)	malaff (m)	ملفّ
Ordner (m)	ḥāfiẓa (m)	حافظة
öffnen (vt)	fataḥ	فتح
schließen (vt)	aɣlaq	أغلق
speichern (vt)	ḥafaẓ	حفظ
löschen (vt)	masaḥ	مسح
kopieren (vt)	nasaχ	نسخ
sortieren (vt)	ṣannaf	صنّف
transferieren (vt)	naqal	نقل
Programm (n)	barnāmaʒ (m)	برنامج
Software (f)	barāmiʒ kumbyūtir (pl)	برامج كمبيوتر
Programmierer (m)	mubarmiʒ (m)	مبرمج
programmieren (vt)	barmaʒ	برمج
Hacker (m)	hākir (m)	هاكر
Kennwort (n)	kalimat as sirr (f)	كلمة السرّ
Virus (m, n)	virūs (m)	فيروس
entdecken (vt)	waʒad	وجد
Byte (n)	bayt (m)	بايت

Megabyte (n)	miʒabāyt (m)	ميجابايت
Daten (pl)	bayānāt (pl)	بيانات
Datenbank (f)	qa'idat bayānāt (f)	قاعدة بيانات
Kabel (n)	kābil (m)	كابل
trennen (vt)	faṣal	فصل
anschließen (vt)	waṣṣal	وصّل

140. Internet. E-Mail

Internet (n)	intirnit (m)	إنترنت
Browser (m)	mutaṣaffiḥ (m)	متصفح
Suchmaschine (f)	muḥarrik baḥθ (m)	محرّك بحث
Provider (m)	ʃarikat al intirnīt (f)	شركة الإنترنيت
Webmaster (m)	mudīr al mawqi' (m)	مدير الموقع
Website (f)	mawqi' iliktrūniy (m)	موقع إلكتروني
Webseite (f)	ṣafḥat wīb (f)	صفحة ويب
Adresse (f)	'unwān (m)	عنوان
Adressbuch (n)	daftar al 'anāwīn (m)	دفتر العناوين
Mailbox (f)	ṣundūq al barīd (m)	صندوق البريد
Post (f)	barīd (m)	بريد
überfüllt (-er Briefkasten)	mumtali'	ممتلىء
Mitteilung (f)	risāla iliktrūniyya (f)	رسالة إلكترونيّة
eingehenden Nachrichten	rasa'il wārida (pl)	رسائل واردة
ausgehenden Nachrichten	rasa'il ṣādira (pl)	رسائل صادرة
Absender (m)	mursil (m)	مرسل
senden (vt)	arsal	أرسل
Absendung (f)	irsāl (m)	إرسال
Empfänger (m)	mursal ilayh (m)	مرسل إليه
empfangen (vt)	istalam	إستلم
Briefwechsel (m)	murāsala (f)	مراسلة
im Briefwechsel stehen	tarāsal	تراسل
Datei (f)	malaff (m)	ملفّ
herunterladen (vt)	ḥammal	حمّل
schaffen (vt)	anʃa'	أنشأ
löschen (vt)	masaḥ	مسح
gelöscht (Datei)	mamsūḥ	ممسوح
Verbindung (f)	ittiṣāl (m)	إتّصال
Geschwindigkeit (f)	sur'a (f)	سرعة
Modem (n)	mudim (m)	مودم
Zugang (m)	wuṣūl (m)	وصول
Port (m)	maχraʒ (m)	مخرج
Anschluss (m)	ittiṣāl (m)	إتّصال
sich anschließen	ittaṣal	إتّصل
auswählen (vt)	iχtār	إختار
suchen (vt)	baḥaθ	بحث

Transport

141. Flugzeug

Flugzeug (n)	ṭā'ira (f)	طائرة
Flugticket (n)	taðkirat ṭā'ira (f)	تذكرة طائرة
Fluggesellschaft (f)	ʃarikat ṭayarān (f)	شركة طيران
Flughafen (m)	maṭār (m)	مطار
Überschall-	χāriq liṣ ṣawt	خارق للصوت
Flugkapitän (m)	qā'id aṭ ṭā'ira (m)	قائد الطائرة
Besatzung (f)	ṭāqim (m)	طاقم
Pilot (m)	ṭayyār (m)	طيّار
Flugbegleiterin (f)	muḍīfat ṭayarān (f)	مضيفة طيران
Steuermann (m)	mallāḥ (m)	ملّاح
Flügel (pl)	aʒniḥa (pl)	أجنحة
Schwanz (m)	ðayl (m)	ذيل
Kabine (f)	kabīna (f)	كابينة
Motor (m)	mutūr (m)	موتور
Fahrgestell (n)	'aʒalāt al hubūṭ (pl)	عجلات الهبوط
Turbine (f)	turbīna (f)	تربينة
Propeller (m)	mirwaḥa (f)	مروحة
Flugschreiber (m)	musaʒʒil aṭ ṭayarān (m)	مسجّل الطيران
Steuerrad (n)	'aʒalat qiyāda (f)	عجلة قيادة
Treibstoff (m)	wuqūd (m)	وقود
Sicherheitskarte (f)	biṭāqat as salāma (f)	بطاقة السلامة
Sauerstoffmaske (f)	qinā' uksiʒīn (m)	قناع أوكسيجين
Uniform (f)	libās muwaḥḥad (m)	لباس موحّد
Rettungsweste (f)	sutrat naʒāt (f)	سترة نجاة
Fallschirm (m)	miẓallat hubūṭ (f)	مظلّة هبوط
Abflug, Start (m)	iqlā' (m)	إقلاع
starten (vi)	aqla'at	أقلعت
Startbahn (f)	madraʒ aṭ ṭā'irāt (m)	مدرج الطائرات
Sicht (f)	ru'ya (f)	رؤية
Flug (m)	ṭayarān (m)	طيران
Höhe (f)	irtifā' (m)	إرتفاع
Luftloch (n)	ʒayb hawā'iy (m)	جيب هوائيّ
Platz (m)	maq'ad (m)	مقعد
Kopfhörer (m)	sammā'āt ra'siya (pl)	سمّاعات رأسيّة
Klapptisch (m)	ṣīniyya qābila liṭ ṭayy (f)	صينية قابلة للطيّ
Bullauge (n)	ʃubbāk aṭ ṭā'ira (m)	شبّاك الطائرة
Durchgang (m)	mamarr (m)	ممرّ

142. Zug

Zug (m)	qiṭār (m)	قطار
elektrischer Zug (m)	qiṭār (m)	قطار
Schnellzug (m)	qiṭār sarī' (m)	قطار سريع
Diesellok (f)	qāṭirat dīzil (f)	قاطرة ديزل
Dampflok (f)	qāṭira buχāriyya (f)	قاطرة بخاريّة
Personenwagen (m)	'araba (f)	عربة
Speisewagen (m)	'arabat al maṭ'am (f)	عربة المطعم
Schienen (pl)	quḍubān (pl)	قضبان
Eisenbahn (f)	sikka ḥadīdiyya (f)	سكّة حديديّة
Bahnschwelle (f)	'āriḍa (f)	عارضة
Bahnsteig (m)	raṣīf (m)	رصيف
Gleis (n)	χaṭṭ (m)	خطّ
Eisenbahnsignal (n)	simafūr (m)	سيمافور
Station (f)	maḥaṭṭa (f)	محطّة
Lokomotivführer (m)	sā'iq (m)	سائق
Träger (m)	ḥammāl (m)	حمّال
Schaffner (m)	mas'ūl 'arabat al qiṭār (m)	مسؤول عربة القطار
Fahrgast (m)	rākib (m)	راكب
Fahrkartenkontrolleur (m)	kamsariy (m)	كمسريّ
Flur (m)	mamarr (m)	ممرّ
Notbremse (f)	farāmil aṭ ṭawāri' (pl)	فرامل الطوارئ
Abteil (n)	γurfa (f)	غرفة
Liegeplatz (m), Schlafkoje (f)	sarīr (m)	سرير
oberer Liegeplatz (m)	sarīr 'ulwiy (m)	سرير علويّ
unterer Liegeplatz (m)	sarīr sufliy (m)	سرير سفليّ
Bettwäsche (f)	aγṭiyat as sarīr (pl)	أغطية السرير
Fahrkarte (f)	taðkira (f)	تذكرة
Fahrplan (m)	ʒadwal (m)	جدول
Anzeigetafel (f)	lawḥat ma'lūmāt (f)	لوحة معلومات
abfahren (der Zug)	γādar	غادر
Abfahrt (f)	muγādara (f)	مغادرة
ankommen (der Zug)	waṣal	وصل
Ankunft (f)	wuṣūl (m)	وصول
mit dem Zug kommen	waṣal bil qiṭār	وصل بالقطار
in den Zug einsteigen	rakib al qiṭār	ركب القطار
aus dem Zug aussteigen	nazil min al qiṭār	نزل من القطار
Zugunglück (n)	ḥiṭām qiṭār (m)	حطام قطار
entgleisen (vi)	χaraʒ 'an χaṭṭ sayrih	خرج عن خطّ سيره
Dampflok (f)	qāṭira buχāriyya (f)	قاطرة بخاريّة
Heizer (m)	'aṭaʃʒiy (m)	عطشجيّ
Feuerbüchse (f)	furn al muḥarrik (m)	فرن المحرّك
Kohle (f)	faḥm (m)	فحم

143. Schiff

Schiff (n)	safīna (f)	سفينة
Fahrzeug (n)	safīna (f)	سفينة
Dampfer (m)	bāχira (f)	باخرة
Motorschiff (n)	bāχira nahriyya (f)	باخرة نهريّة
Kreuzfahrtschiff (n)	bāχira siyaḥiyya (f)	باخرة سياحيّة
Kreuzer (m)	ṭarrād (m)	طرّاد
Jacht (f)	yaχt (m)	يخت
Schlepper (m)	qāṭira (f)	قاطرة
Lastkahn (m)	ṣandal (m)	صندل
Fähre (f)	ʿabbāra (f)	عبّارة
Segelschiff (n)	safīna ʃirāʿiyya (m)	سفينة شراعيّة
Brigantine (f)	markab ʃirāʿiy (m)	مركب شراعيّ
Eisbrecher (m)	muḥaṭṭimat ʒalīd (f)	محطّمة جليد
U-Boot (n)	ɣawwāṣa (f)	غوّاصة
Boot (n)	markab (m)	مركب
Dingi (n), Beiboot (n)	zawraq (m)	زورق
Rettungsboot (n)	qārib naʒāt (m)	قارب نجاة
Motorboot (n)	lanʃ (m)	لنش
Kapitän (m)	qubṭān (m)	قبطان
Matrose (m)	baḥḥār (m)	بحّار
Seemann (m)	baḥḥār (m)	بحّار
Besatzung (f)	ṭāqim (m)	طاقم
Bootsmann (m)	raʾīs al baḥḥāra (m)	رئيس البحّارة
Schiffsjunge (m)	ṣabiy as safīna (m)	صبي السفينة
Schiffskoch (m)	ṭabbāχ (m)	طبّاخ
Schiffsarzt (m)	ṭabīb as safīna (m)	طبيب السفينة
Deck (n)	saṭḥ as safīna (m)	سطح السفينة
Mast (m)	sāriya (f)	سارية
Segel (n)	ʃirāʿ (m)	شراع
Schiffsraum (m)	ʿambar (m)	عنبر
Bug (m)	muqaddama (m)	مقدّمة
Heck (n)	muʾaχirat as safīna (f)	مؤخّرة السفينة
Ruder (n)	miʒðāf (m)	مجذاف
Schraube (f)	mirwaḥa (f)	مروحة
Kajüte (f)	kabīna (f)	كابينة
Messe (f)	ɣurfat al istirāḥa (f)	غرفة الإستراحة
Maschinenraum (m)	qism al ʾālāt (m)	قسم الآلات
Kommandobrücke (f)	burʒ al qiyāda (m)	برج القيادة
Funkraum (m)	ɣurfat al lāsilkiy (f)	غرفة اللاسلكيّ
Radiowelle (f)	mawʒa (f)	موجة
Schiffstagebuch (n)	siʒil as safīna (m)	سجل السفينة
Fernrohr (n)	minẓār (m)	منظار
Glocke (f)	ʒaras (m)	جرس

Fahne (f)	ʻalam (m)	علم
Seil (n)	ḥabl (m)	حبل
Knoten (m)	ʻuqda (f)	عقدة
Geländer (n)	drabizīn (m)	درابزين
Treppe (f)	sullam (m)	سلّم
Anker (m)	mirsāt (f)	مرساة
den Anker lichten	rafaʻ mirsāt	رفع مرساة
Anker werfen	rasa	رسا
Ankerkette (f)	silsilat mirsāt (f)	سلسلة مرساة
Hafen (m)	mīnāʼ (m)	ميناء
Anlegestelle (f)	marsa (m)	مرسى
anlegen (vi)	rasa	رسا
abstoßen (vt)	aqlaʻ	أقلع
Reise (f)	riḥla (f)	رحلة
Kreuzfahrt (f)	riḥla baḥriyya (f)	رحلة بحرية
Kurs (m), Richtung (f)	masār (m)	مسار
Reiseroute (f)	ṭarīq (m)	طريق
Fahrwasser (n)	maʒra milāḥiy (m)	مجرى ملاحيّ
Untiefe (f)	miyāh ḍaḥla (f)	مياه ضحلة
stranden (vi)	ʒanaḥ	جنح
Sturm (m)	ʻāṣifa (f)	عاصفة
Signal (n)	iʃāra (f)	إشارة
untergehen (vi)	ɣariq	غرق
Mann über Bord!	saqaṭ raʒul min as safīna!	سقط رجل من السفينة!
SOS	nidāʼ iɣāθa (m)	نداء إغاثة
Rettungsring (m)	ṭawq naʒāt (m)	طوق نجاة

144. Flughafen

Flughafen (m)	maṭār (m)	مطار
Flugzeug (n)	ṭāʼira (f)	طائرة
Fluggesellschaft (f)	ʃarikat ṭayarān (f)	شركة طيران
Fluglotse (m)	marāqib al ḥaraka al ʒawwiyya (pl)	مراقب الحركة الجويّة
Abflug (m)	muɣādara (f)	مغادرة
Ankunft (f)	wuṣūl (m)	وصول
anfliegen (vi)	waṣal	وصل
Abflugzeit (f)	waqt al muɣādara (m)	وقت المغادرة
Ankunftszeit (f)	waqt al wuṣūl (m)	وقت الوصول
sich verspäten	taʼaχχar	تأخّر
Abflugverspätung (f)	taʼaχχur ar riḥla (m)	تأخّر الرحلة
Anzeigetafel (f)	lawḥat al maʻlūmāt (f)	لوحة المعلومات
Information (f)	istiʻlāmāt (pl)	إستعلامات
ankündigen (vt)	aʻlan	أعلن

Flug (m)	riḥla (f)	رحلة
Zollamt (n)	ʒamārik (pl)	جمارك
Zollbeamter (m)	muwaẓẓaf al ʒamārik (m)	موظّف الجمارك
Zolldeklaration (f)	taṣrīḥ ʒumrukiy (m)	تصريح جمركيّ
ausfüllen (vt)	mala'	ملأ
die Zollerklärung ausfüllen	mala' at taṣrīḥ	ملأ التصريح
Passkontrolle (f)	taftīʃ al ʒawāzāt (m)	تفتيش الجوازات
Gepäck (n)	aʃ ʃunaṭ (pl)	الشنط
Handgepäck (n)	ʃunaṭ al yad (pl)	شنط اليد
Kofferkuli (m)	'arabat ʃunaṭ (f)	عربة شنط
Landung (f)	hubūṭ (m)	هبوط
Landebahn (f)	mamarr al hubūṭ (m)	ممرّ الهبوط
landen (vi)	habaṭ	هبط
Fluggasttreppe (f)	sullam aṭ ṭā'ira (m)	سلّم الطائرة
Check-in (n)	tasʒīl (m)	تسجيل
Check-in-Schalter (m)	makān at tasʒīl (m)	مكان التسجيل
sich registrieren lassen	saʒʒal	سجّل
Bordkarte (f)	biṭāqat ṣu'ūd (f)	بطاقة صعود
Abfluggate (n)	bawwābat al muɣādara (f)	بوّابة المغادرة
Transit (m)	tranzīt (m)	ترانزيت
warten (vi)	intazar	إنتظر
Wartesaal (m)	qā'at al muɣādara (f)	قاعة المغادرة
begleiten (vt)	wadda'	ودّع
sich verabschieden	wadda'	ودّع

145. Fahrrad. Motorrad

Fahrrad (n)	darrāʒa (f)	درّاجة
Motorroller (m)	skutir (m)	سكوتر
Motorrad (n)	darrāʒa nāriyya (f)	درّاجة ناريّة
Rad fahren	rakib ad darrāʒa	ركب الدرّاجة
Lenkstange (f)	miqwad (m)	مقود
Pedal (n)	dawwāsa (f)	دوّاسة
Bremsen (pl)	farāmil (pl)	فرامل
Sattel (m)	maq'ad (m)	مقعد
Pumpe (f)	ṭulumba (f)	طلمبة
Gepäckträger (m)	raff al amti'a (m)	رفّ الأمتعة
Scheinwerfer (m)	miṣbāḥ (m)	مصباح
Helm (m)	χūða (f)	خوذة
Rad (n)	'aʒala (f)	عجلة
Schutzblech (n)	rafraf (m)	رفرف
Felge (f)	iṭār (m)	إطار
Speiche (f)	barmaq al 'aʒala (m)	برمق العجلة

Autos

146. Autotypen

Auto (n)	sayyāra (f)	سيّارة
Sportwagen (m)	sayyāra riyāḍiyya (f)	سيّارة رياضيّة
Limousine (f)	limuzīn (m)	ليموزين
Geländewagen (m)	sayyārat ṭuruq wa'ra (f)	سيارة طرق وعرة
Kabriolett (n)	kabriulīh (m)	كابريوليه
Kleinbus (m)	mikrubāṣ (m)	ميكروباص
Krankenwagen (m)	is'āf (m)	إسعاف
Schneepflug (m)	ʒarrāfat θalʒ (f)	جرّافة ثلج
Lastkraftwagen (m)	ʃāḥina (f)	شاحنة
Tankwagen (m)	nāqilat bitrūl (f)	ناقلة بترول
Kastenwagen (m)	'arabat naql (f)	عربة نقل
Sattelzug (m)	ʒarrār (m)	جرّار
Anhänger (m)	maqṭūra (f)	مقطورة
komfortabel	murīḥ	مريح
gebraucht	musta'mal	مستعمل

147. Autos. Karosserie

Motorhaube (f)	kabbūt (m)	كبّوت
Kotflügel (m)	rafraf (m)	رفرف
Dach (n)	saqf (m)	سقف
Windschutzscheibe (f)	zuʒāʒ amāmiy (m)	زجاج أماميّ
Rückspiegel (m)	mir'āt dāχiliyya (f)	مرآة داخليّة
Scheibenwaschanlage (f)	munaẓẓif az zuʒāʒ (m)	منظّف الزجاج
Scheibenwischer (m)	massāḥāt (pl)	مسّاحات
Seitenscheibe (f)	zuʒāʒ ʒānibiy (m)	زجاج جانبيّ
Fensterheber (m)	mākina zuʒāʒ (f)	ماكينة زجاج
Antenne (f)	hawā'iy (m)	هوائيّ
Schiebedach (n)	nāfiðat as saqf (f)	نافذة السقف
Stoßstange (f)	miṣadd as sayyāra (m)	مصدّ السيارة
Kofferraum (m)	ṣundūq as sayyāra (m)	صندوق السيّارة
Dachgepäckträger (m)	raff saqf as sayyāra (m)	رفّ سقف السيّارة
Wagenschlag (m)	bāb (m)	باب
Türgriff (m)	ukrat al bāb (f)	أوكرة الباب
Türschloss (n)	qifl al bāb (m)	قفل الباب
Nummernschild (n)	lawḥat raqm as sayyāra (f)	لوحة رقم السيارة
Auspufftopf (m)	kātim aṣ ṣawt (m)	كاتم الصوت

Benzintank (m)	xazzān al banzīn (m)	خزّان البنزين
Auspuffrohr (n)	umbūb al ʿādim (m)	أنبوب العادم
Gas (n)	ɣāz (m)	غاز
Pedal (n)	dawwāsa (f)	دوّاسة
Gaspedal (n)	dawwāsat al wuqūd (f)	دوّاسة الوقود
Bremse (f)	farāmil (pl)	فرامل
Bremspedal (n)	dawwāsat al farāmil (m)	دوّاسة الفرامل
bremsen (vi)	farmal	فرمل
Handbremse (f)	farmalat al yad (f)	فرملة اليد
Kupplung (f)	taʿʃīq (m)	تعشيق
Kupplungspedal (n)	dawwāsat at taʿʃīq (f)	دوّاسة التعشيق
Kupplungsscheibe (f)	qurṣ at taʿʃīq (m)	قرص التعشيق
Stoßdämpfer (m)	mumtaṣṣ liṣ ṣadamāt (m)	ممتصّ الصدمات
Rad (n)	ʿaʒala (f)	عجلة
Reserverad (n)	ʿaʒala iḥtiyāṭiyya (f)	عجلة احتياطيّة
Reifen (m)	iṭār (m)	إطار
Radkappe (f)	ɣitāʾ miḥwar al ʿaʒala (m)	غطاء محور العجلة
Triebräder (pl)	ʿaʒalāt al qiyāda (pl)	عجلات القيادة
mit Vorderantrieb	dafʿ amāmiy (m)	دفع أماميّ
mit Hinterradantrieb	dafʿ xalfiy (m)	دفع خلفيّ
mit Allradantrieb	dafʿ rubāʿiy (m)	دفع رباعيّ
Getriebe (n)	ṣundūq at turūs (m)	صندوق التروس
Automatik-	utumatīkiy	أوتوماتيكيّ
Schalt-	yadawiy	يدويّ
Schalthebel (m)	nāqil as surʿa (m)	ناقل السرعة
Scheinwerfer (m)	al miṣbāḥ al amāmiy (m)	المصباح الأماميّ
Scheinwerfer (pl)	al maṣābīḥ al amāmiyya (pl)	المصابيح الأماميّة
Abblendlicht (n)	al anwār al munxafiḍa (pl)	الأنوار المنخفضة
Fernlicht (n)	al anwār al ʿāliya (m)	الأنوار العالية
Stopplicht (n)	ḍūʾ al farāmil (m)	ضوء الفرامل
Standlicht (n)	aḍwāʾ ʒānibiyya (pl)	أضواء جانبيّة
Warnblinker (m)	aḍwāʾ at taḥðīr (pl)	أضواء التحذير
Nebelscheinwerfer (pl)	aḍwāʾ aḍ ḍabāb (pl)	أضواء الضباب
Blinker (m)	iʃārat al inʿiṭāf (f)	إشارة الإنعطاف
Rückfahrscheinwerfer (m)	miṣbāḥ ar ruʒūʿ lil xalf (m)	مصباح الرجوع للخلف

148. Autos. Fahrgastraum

Wageninnere (n)	ṣālūn as sayyāra (m)	صالون السيّارة
Leder-	min al ʒild	من الجلد
aus Velours	min al muxmal	من المخمل
Polster (n)	tanʒīd (m)	تنجيد
Instrument (n)	ʒihāz (m)	جهاز
Armaturenbrett (n)	lawḥat at taḥakkum (f)	لوحة التحكم

Tachometer (m)	'addād sur'a (m)	عدّاد سرعة
Nadel (f)	mu'aʃʃir (m)	مؤشّر
Kilometerzähler (m)	'addād al masāfāt (m)	عدّاد المسافات
Anzeige (Temperatur-)	'addād (m)	عدّاد
Pegel (m)	mustawa (m)	مستوى
Kontrollleuchte (f)	lammbat inðār (f)	لمبة إنذار
Steuerrad (n)	miqwad (m)	مقود
Hupe (f)	zāmūr (m)	زامور
Knopf (m)	zirr (m)	زر
Umschalter (m)	nāqil, miftāḥ (m)	ناقل, مفتاح
Sitz (m)	maq'ad (m)	مقعد
Rückenlehne (f)	misnad aẓ ẓahr (m)	مسند الظهر
Kopfstütze (f)	masnad ar ra's (m)	مسند الرأس
Sicherheitsgurt (m)	ḥizām al amn (m)	حزام الأمن
sich anschnallen	rabaṭ al ḥizām	ربط الحزام
Einstellung (f)	ḍabṭ (m)	ضبط
Airbag (m)	wisāda hawā'iyya (f)	وسادة هوائيّة
Klimaanlage (f)	takyīf (m)	تكييف
Radio (n)	iðā'a (f)	إذاعة
CD-Spieler (m)	muʃaɣɣil sidi (m)	مشغّل سي دي
einschalten (vt)	fataḥ, ʃaɣɣal	فتح, شغّل
Antenne (f)	hawā'iy (m)	هوائيّ
Handschuhfach (n)	durʒ (m)	درج
Aschenbecher (m)	ṭaqṭūqa (f)	طقطوقة

149. Autos. Motor

Triebwerk (n)	muḥarrik (m)	محرّك
Motor (m)	mutūr (m)	موتور
Diesel-	dīzil	ديزل
Benzin-	'alal banzīn	على البنزين
Hubraum (m)	si'at al muḥarrik (f)	سعة المحرّك
Leistung (f)	qudra (f)	قدرة
Pferdestärke (f)	ḥiṣān (m)	حصان
Kolben (m)	mikbas (m)	مكبس
Zylinder (m)	usṭuwāna (f)	أسطوانة
Ventil (n)	ṣimām (m)	صمام
Injektor (m)	ʒihāz baχχāχ (f)	جهاز بخّاخ
Generator (m)	muwallid (m)	مولّد
Vergaser (m)	karburātir (m)	كاربراتير
Motoröl (n)	zayt al muḥarrik (m)	زيت المحرّك
Kühler (m)	mubarrid al muḥarrik (m)	مبرّد المحرّك
Kühlflüssigkeit (f)	mādda mubarrida (f)	مادّة مبرّدة
Ventilator (m)	mirwaḥa (f)	مروحة
Autobatterie (f)	baṭṭāriyya (f)	بطّاريّة
Anlasser (m)	miftāḥ at taʃɣīl (m)	مفتاح التشغيل

Zündung (f)	niẓām taʃɣīl (m)	نظام تشغيل
Zündkerze (f)	ʃamʿat al iḥtirāq (f)	شمعة الاحتراق
Klemme (f)	ṭaraf tawṣīl (m)	طرف توصيل
Pluspol (m)	ṭaraf mūʒab (m)	طرف موجب
Minuspol (m)	ṭaraf sālib (m)	طرف سالب
Sicherung (f)	fāṣima (f)	فاصمة
Luftfilter (m)	miṣfāt al hawāʾ (f)	مصفاة الهواء
Ölfilter (m)	miṣfāt az zayt (f)	مصفاة الزيت
Treibstofffilter (m)	miṣfāt al banzīn (f)	مصفاة البنزين

150. Autos. Unfall. Reparatur

Unfall (m)	ḥādiθ sayyāra (f)	حادث سيّارة
Verkehrsunfall (m)	ḥādiθ murūriy (m)	حادث مروريّ
fahren gegen ...	iṣṭadam	إصطدم
verunglücken (vi)	taḥaṭṭam	تحطّم
Schaden (m)	χasāra (f)	خسارة
heil (Adj)	salīm	سليم
kaputtgehen (vi)	taʿaṭṭal	تعطّل
Abschleppseil (n)	ḥabl as saḥb (m)	حبل السحب
Reifenpanne (f)	θuqb (m)	ثقب
platt sein	faʃʃ	فشّ
pumpen (vt)	nafaχ	نفخ
Reifendruck (m)	ḍaɣṭ (m)	ضغط
prüfen (vt)	iχtabar	إختبر
Reparatur (f)	iṣlāḥ (m)	إصلاح
Reparaturwerkstatt (f)	warʃat iṣlāḥ as sayyārāt (f)	ورشة إصلاح السيّارات
Ersatzteil (n)	qiṭʿat ɣiyār (f)	قطعة غيار
Einzelteil (n)	qiṭʿa (f)	قطعة
Bolzen (m)	mismār qalāwūz (m)	مسمار قلاووظ
Schraube (f)	burɣiy (m)	برغيّ
Schraubenmutter (f)	ṣamūla (f)	صامولة
Scheibe (f)	ḥalqa (f)	حلقة
Lager (n)	maḥmal (m)	محمل
Rohr (Abgas-)	umbūba (f)	أنبوبة
Dichtung (f)	ʿazaqa (f)	عزقة
Draht (m)	silk (m)	سلك
Wagenheber (m)	rāfiʿat sayyāra (f)	رافعة سيّارة
Schraubenschlüssel (m)	miftāḥ aṣ ṣawāmīl (m)	مفتاح الصواميل
Hammer (m)	miṭraqa (f)	مطرقة
Pumpe (f)	ṭulumba (f)	طلمبة
Schraubenzieher (m)	mifakk (m)	مفكّ
Feuerlöscher (m)	miṭfaʾat ḥarīq (f)	مطفأة حريق
Warndreieck (n)	muθallaθ taḥðīr (m)	مثلّث تحذير
abwürgen (Motor)	tawaqqaf	توقّف

Anhalten (~ des Motors)	tawaqquf (m)	توقّف
kaputt sein	kān maksūran	كان مكسورًا
überhitzt werden (Motor)	saχan bi ʃidda	سخن بشدّة
verstopft sein	kān masdūdan	كان مسدودًا
einfrieren (Schloss, Rohr)	taʒammad	تجمّد
zerplatzen (vi)	infaʒar	إنفجر
Druck (m)	ḍaɣṭ (m)	ضغط
Pegel (m)	mustawa (m)	مستوى
schlaff (z.B. -e Riemen)	ḍaʿīf	ضعيف
Delle (f)	baʿʒa (f)	بعجة
Klopfen (n)	daqq (m)	دقّ
Riß (m)	ʃaqq (m)	شقّ
Kratzer (m)	χadʃ (m)	خدش

151. Autos. Straßen

Fahrbahn (f)	ṭarīq (m)	طريق
Schnellstraße (f)	ṭarīq sarīʿ (m)	طريق سريع
Autobahn (f)	ṭarīq sarīʿ (m)	طريق سريع
Richtung (f)	ittiʒāh (m)	إتّجاه
Entfernung (f)	masāfa (f)	مسافة
Brücke (f)	ʒisr (m)	جسر
Parkplatz (m)	mawqif as sayyārāt (m)	موقف السيّارات
Platz (m)	maydān (m)	ميدان
Autobahnkreuz (n)	taqāṭuʿ ṭuruq (m)	تقاطع طرق
Tunnel (m)	nafaq (m)	نفق
Tankstelle (f)	maḥaṭṭat banzīn (f)	محطّة بنزين
Parkplatz (m)	mawqif as sayyārāt (m)	موقف السيّارات
Zapfsäule (f)	miḍaχχat banzīn (f)	مضخّة بنزين
Reparaturwerkstatt (f)	warʃat iṣlāḥ as sayyārāt (f)	ورشة إصلاح السيّارات
tanken (vt)	malaʾ bil wuqūd	ملأ بالوقود
Treibstoff (m)	wuqūd (m)	وقود
Kanister (m)	ʒirikan (m)	جركن
Asphalt (m)	asfalt (m)	أسفلت
Markierung (f)	ʿalāmāt aṭ ṭarīq (pl)	علامات الطريق
Bordstein (m)	ḥāffat ar raṣīf (f)	حافّة الرصيف
Leitplanke (f)	sūr (m)	سور
Graben (m)	qanāt (f)	قناة
Straßenrand (m)	ḥāffat aṭ ṭarīq (f)	حافّة الطريق
Straßenlaterne (f)	ʿamūd nūr (m)	عمود نور
fahren (vt)	sāq	ساق
abbiegen (nach links ~)	inʿaṭaf	إنعطف
umkehren (vi)	istadār lil χalf	إستدار للخلف
Rückwärtsgang (m)	ḥaraka ilal warāʾ (f)	حركة إلى الوراء
hupen (vi)	zammar	زمّر
Hupe (f)	ṣawṭ az zāmūr (m)	صوت الزامور

stecken (im Schlamm ~)	waḥil	وحل
durchdrehen (Räder)	dawwar al ʿaʒala	دوّر العجلة
abstellen (Motor ~)	awqaf	أوقف
Geschwindigkeit (f)	surʿa (f)	سرعة
Geschwindigkeit überschreiten	taʒāwaz as surʿa al quṣwa	تجاوز السرعة القصوى
bestrafen (vt)	faraḍ ɣarāma	فرض غرامة
Ampel (f)	iʃārāt al murūr (pl)	إشارات المرور
Führerschein (m)	ruχṣat al qiyāda (f)	رخصة قيادة
Bahnübergang (m)	maʿbar (m)	معبر
Straßenkreuzung (f)	taqāṭuʿ (m)	تقاطع
Fußgängerüberweg (m)	maʿbar al muʃāt (m)	معبر المشاة
Kehre (f)	munʿaṭif (m)	منعطف
Fußgängerzone (f)	makān muχaṣṣaṣ lil muʃāt (f)	مكان مخصّص للمشاة

MENSCHEN. LEBENSEREIGNISSE

Lebensereignisse

152. Feiertage. Ereignis

Fest (n)	ʿīd (m)	عيد
Nationalfeiertag (m)	ʿīd waṭaniy (m)	عيد وطنيّ
Feiertag (m)	yawm al ʿuṭla ar rasmiyya (m)	يوم العطلة الرسمية
feiern (vt)	iḥtafal	إحتفل
Ereignis (n)	ḥadaθ (m)	حدث
Veranstaltung (f)	munasaba (f)	مناسبة
Bankett (n)	walīma (f)	وليمة
Empfang (m)	ḥaflat istiqbāl (f)	حفلة إستقبال
Festmahl (n)	walīma (f)	وليمة
Jahrestag (m)	ðikra sanawiyya (f)	ذكرى سنويّة
Jubiläumsfeier (f)	yubīl (m)	يوبيل
begehen (vt)	iḥtafal	إحتفل
Neujahr (n)	ra's as sana (m)	رأس السنة
Frohes Neues Jahr!	kull sana wa anta ṭayyib!	كلّ سنة وأنت طيّب!
Weihnachtsmann (m)	baba nuwīl (m)	بابا نويل
Weihnachten (n)	ʿīd al mīlād (m)	عيد الميلاد
Frohe Weihnachten!	ʿīd mīlād saʿīd!	عيد ميلاد سعيد!
Tannenbaum (m)	ʃaʒarat ra's as sana (f)	شجرة رأس السنة
Feuerwerk (n)	alʿāb nāriyya (pl)	ألعاب ناريّة
Hochzeit (f)	zifāf (m)	زفاف
Bräutigam (m)	ʿarīs (m)	عريس
Braut (f)	ʿarūsa (f)	عروسة
einladen (vt)	daʿa	دعا
Einladung (f)	biṭāqat daʿwa (f)	بطاقة دعوة
Gast (m)	ḍayf (m)	ضيف
besuchen (vt)	zār	زار
Gäste empfangen	istaqbal aḍ ḍuyūf	إستقبل الضيوف
Geschenk (n)	hadiyya (f)	هديّة
schenken (vt)	qaddam	قدّم
Geschenke bekommen	istalam al hadāya	إستلم الهدايا
Blumenstrauß (m)	bāqat zuhūr (f)	باقة زهور
Glückwunsch (m)	tahniʾa (f)	تهنئة
gratulieren (vi)	hannaʾ	هنّأ
Glückwunschkarte (f)	biṭāqat tahniʾa (f)	بطاقة تهنئة

eine Karte abschicken	arsal biṭāqat tahni'a	أرسل بطاقة تهنئة
eine Karte erhalten	istalam biṭāqat tahnī'a	إستلم بطاقة تهنئة
Trinkspruch (m)	naχb (m)	نخب
anbieten (vt)	ḍayyaf	ضيّف
Champagner (m)	ʃambāniya (f)	شمبانيا
sich amüsieren	istamta'	إستمتع
Fröhlichkeit (f)	faraḥ (m)	فرح
Freude (f)	sa'āda (f)	سعادة
Tanz (m)	rāqiṣa (f)	رقصة
tanzen (vi, vt)	raqaṣ	رقص
Walzer (m)	vāls (m)	فالس
Tango (m)	tāngu (m)	تانجو

153. Bestattungen. Begräbnis

Friedhof (m)	maqbara (f)	مقبرة
Grab (n)	qabr (m)	قبر
Kreuz (n)	ṣalīb (m)	صليب
Grabstein (m)	ʃāhid al qabr (m)	شاهد القبر
Zaun (m)	sūr (m)	سور
Kapelle (f)	kanīsa saɣīra (f)	كنيسة صغيرة
Tod (m)	mawt (m)	موت
sterben (vi)	māt	مات
Verstorbene (m)	al mutawaffi (m)	المتوفّي
Trauer (f)	ḥidād (m)	حداد
begraben (vt)	dafan	دفن
Bestattungsinstitut (n)	bayt al ʒanāzāt (m)	بيت الجنازات
Begräbnis (n)	ʒanāza (f)	جنازة
Kranz (m)	iklīl (m)	إكليل
Sarg (m)	tābūt (m)	تابوت
Katafalk (m)	sayyārat naql al mawta (f)	سيّارة نقل الموتى
Totenhemd (n)	kafan (m)	كفن
Trauerzug (m)	ʒanāza (f)	جنازة
Urne (f)	qārūra li ḥifẓ ramād al mawta (f)	قارورة لحفظ رماد الموتى
Krematorium (n)	maḥraqat ʒuθaθ al mawta (f)	محرقة جثث الموتى
Nachruf (m)	na'iy (m)	نعيّ
weinen (vi)	baka	بكى
schluchzen (vi)	naḥab	نحب

154. Krieg. Soldaten

Zug (m)	faṣīla (f)	فصيلة
Kompanie (f)	sariyya (f)	سريّة

Regiment (n)	fawʒ (m)	فوج
Armee (f)	ʒayʃ (m)	جيش
Division (f)	firqa (f)	فرقة
Abteilung (f)	waḥda (f)	وحدة
Heer (n)	ʒayʃ (m)	جيش
Soldat (m)	ʒundiy (m)	جنديّ
Offizier (m)	ḍābiṭ (m)	ضابط
Soldat (m)	ʒundiy (m)	جنديّ
Feldwebel (m)	raqīb (m)	رقيب
Leutnant (m)	mulāzim (m)	ملازم
Hauptmann (m)	naqīb (m)	نقيب
Major (m)	rā'id (m)	رائد
Oberst (m)	ʿaqīd (m)	عقيد
General (m)	ʒinirāl (m)	جنرال
Matrose (m)	baḥḥār (m)	بحّار
Kapitän (m)	qubṭān (m)	قبطان
Bootsmann (m)	ra'īs al baḥḥāra (m)	رئيس البحّارة
Artillerist (m)	madfaʿiy (m)	مدفعيّ
Fallschirmjäger (m)	ʒundiy al maẓallāt (m)	جنديّ المظلّات
Pilot (m)	ṭayyār (m)	طيّار
Steuermann (m)	mallāḥ (m)	ملّاح
Mechaniker (m)	mikanīkiy (m)	ميكانيكيّ
Pionier (m)	muhandis ʿaskariy (m)	مهندس عسكريّ
Fallschirmspringer (m)	miẓalliy (m)	مظلّيّ
Aufklärer (m)	mustakʃif (m)	مستكشف
Scharfschütze (m)	qannāṣ (m)	قنّاص
Patrouille (f)	dawriyya (f)	دوريّة
patrouillieren (vi)	qām bi dawriyya	قام بدوريّة
Wache (f)	ḥāris (m)	حارس
Krieger (m)	muḥārib (m)	محارب
Patriot (m)	waṭaniy (m)	وطنيّ
Held (m)	baṭal (m)	بطل
Heldin (f)	baṭala (f)	بطلة
Verräter (m)	χā'in (m)	خائن
verraten (vt)	χān	خان
Deserteur (m)	hārib min al ʒayʃ (m)	هارب من الجيش
desertieren (vi)	harab min al ʒayʃ	هرب من الجيش
Söldner (m)	ma'ʒūr (m)	مأجور
Rekrut (m)	ʒundiy ʒadīd (m)	جنديّ جديد
Freiwillige (m)	mutaṭawwiʿ (m)	متطوّع
Getoetete (m)	qatīl (m)	قتيل
Verwundete (m)	ʒarīḥ (m)	جريح
Kriegsgefangene (m)	asīr (m)	أسير

155. Krieg. Militärische Aktionen. Teil 1

Krieg (m)	ḥarb (f)	حرب
Krieg führen	ḥārab	حارب
Bürgerkrieg (m)	ḥarb ahliyya (f)	حرب أهليّة
heimtückisch (Adv)	ɣadran	غدرًا
Kriegserklärung (f)	iʿlān ḥarb (m)	إعلان حرب
erklären (den Krieg ~)	aʿlan	أعلن
Aggression (f)	ʿudwān (m)	عدوان
einfallen (Staat usw.)	haʒam	هجم
einfallen (in ein Land ~)	iḥtall	إحتلّ
Invasoren (pl)	muḥtall (m)	محتلّ
Eroberer (m), Sieger (m)	fātiḥ (m)	فاتح
Verteidigung (f)	difāʿ (m)	دفاع
verteidigen (vt)	dāfaʿ	دافع
sich verteidigen	dāfaʿ ʿan nafsih	دافع عن نفسه
Feind (m)	ʿaduww (m)	عدوّ
Gegner (m)	χaṣm (m)	خصم
Feind-	ʿaduww	عدوّ
Strategie (f)	istratiʒiyya (f)	إستراتيجيّة
Taktik (f)	taktīk (m)	تكتيك
Befehl (m)	amr (m)	أمر
Anordnung (f)	amr (m)	أمر
befehlen (vt)	amar	أمر
Auftrag (m)	muhimma (f)	مهمّة
geheim (Adj)	sirriy	سرّيّ
Schlacht (f)	maʿraka (f)	معركة
Kampf (m)	qitāl (m)	قتال
Angriff (m)	huʒūm (m)	هجوم
Sturm (m)	inqiḍāḍ (m)	إنقضاض
stürmen (vt)	inqaḍḍ	إنقضّ
Belagerung (f)	ḥiṣār (m)	حصار
Angriff (m)	huʒūm (m)	هجوم
angreifen (vt)	haʒam	هجم
Rückzug (m)	insiḥāb (m)	إنسحاب
sich zurückziehen	insaḥab	إنسحب
Einkesselung (f)	iḥāṭa (f)	إحاطة
einkesseln (vt)	aḥāṭ	أحاط
Bombenangriff (m)	qaṣf (m)	قصف
eine Bombe abwerfen	asqaṭ qumbula	أسقط قنبلة
bombardieren (vt)	qaṣaf	قصف
Explosion (f)	infiʒār (m)	إنفجار
Schuss (m)	ṭalaqa (f)	طلقة

schießen (vt)	aṭlaq an nār	أطلق النار
Schießerei (f)	iṭlāq an nār (m)	إطلاق النار
zielen auf ...	ṣawwab	صوّب
richten (die Waffe)	ṣawwab	صوّب
treffen (ins Schwarze ~)	aṣāb al hadaf	أصاب الهدف
versenken (vt)	aɣraq	أغرق
Loch (im Schiffsrumpf)	θuqb (m)	ثقب
versinken (Schiff)	ɣariq	غرق
Front (f)	ʒabha (f)	جبهة
Evakuierung (f)	iχlā' aṭ ṭawāri' (m)	إخلاء الطوارئ
evakuieren (vt)	aχla	أخلى
Schützengraben (m)	χandaq (m)	خندق
Stacheldraht (m)	aslāk ʃā'ika (pl)	أسلاك شائكة
Sperre (z.B. Panzersperre)	ḥāʒiz (m)	حاجز
Wachtturm (m)	burʒ muraqaba (m)	برج مراقبة
Lazarett (n)	mustaʃfa 'askariy (m)	مستشفى عسكريّ
verwunden (vt)	ʒaraḥ	جرح
Wunde (f)	ʒurḥ (m)	جرح
Verwundete (m)	ʒarīḥ (m)	جريح
verletzt sein	uṣīb bil ʒirāḥ	أصيب بالجراح
schwer (-e Verletzung)	χaṭīr	خطير

156. Waffen

Waffe (f)	asliḥa (pl)	أسلحة
Schusswaffe (f)	asliḥa nāriyya (pl)	أسلحة ناريّة
blanke Waffe (f)	asliḥa bayḍā' (pl)	أسلحة بيضاء
chemischen Waffen (pl)	asliḥa kīmyā'iyya (pl)	أسلحة كيميائيّة
Kern-, Atom-	nawawiy	نوويّ
Kernwaffe (f)	asliḥa nawawiyya (pl)	أسلحة نوويّة
Bombe (f)	qumbula (f)	قنبلة
Atombombe (f)	qumbula nawawiyya (f)	قنبلة نوويّة
Pistole (f)	musaddas (m)	مسدّس
Gewehr (n)	bunduqiyya (f)	بندقيّة
Maschinenpistole (f)	bunduqiyya huʒūmiyya (f)	بندقيّة هجوميّة
Maschinengewehr (n)	raʃʃāʃ (m)	رشّاش
Mündung (f)	fūha (f)	فوهة
Lauf (Gewehr-)	sabṭāna (f)	سبطانة
Kaliber (n)	'iyār (m)	عيار
Abzug (m)	zinād (m)	زناد
Visier (n)	muṣawwib (m)	مصوّب
Magazin (n)	maχzan (m)	مخزن
Kolben (m)	'aqab al bunduqiyya (m)	عقب البندقيّة
Handgranate (f)	qumbula yadawiyya (f)	قنبلة يدويّة

Sprengstoff (m)	mawādd mutafaʒʒira (pl)	موادّ متفجّرة
Kugel (f)	ruṣāṣa (f)	رصاصة
Patrone (f)	χarṭūʃa (f)	خرطوشة
Ladung (f)	ḥaʃwa (f)	حشوة
Munition (f)	ðaχā'ir (pl)	ذخائر
Bomber (m)	qāðifat qanābil (f)	قاذفة قنابل
Kampfflugzeug (n)	ṭā'ira muqātila (f)	طائرة مقاتلة
Hubschrauber (m)	hiliukūbtir (m)	هليكوبتر
Flugabwehrkanone (f)	madfaθ muḍādd liṭ ṭa'irāṭ (m)	مدفع مضادّ للطائرات
Panzer (m)	dabbāba (f)	دبّابة
Panzerkanone (f)	madfa' ad dabbāba (m)	مدفع الدبّابة
Artillerie (f)	madfa'iyya (f)	مدفعيّة
Kanone (f)	madfa' (m)	مدفع
richten (die Waffe)	ṣawwab	صوّب
Geschoß (n)	qaðīfa (f)	قذيفة
Wurfgranate (f)	qumbula hāwun (f)	قنبلة هاون
Granatwerfer (m)	hāwun (m)	هاون
Splitter (m)	ʃaẓiyya (f)	شظيّة
U-Boot (n)	ɣawwāṣa (f)	غوّاصة
Torpedo (m)	ṭurbīd (m)	طوربيد
Rakete (f)	ṣārūχ (m)	صاروخ
laden (Gewehr)	ḥaʃa	حشا
schießen (vi)	aṭlaq an nār	أطلق النار
zielen auf ...	ṣawwab	صوّب
Bajonett (n)	ḥarba (f)	حربة
Degen (m)	ʃīʃ (m)	شيش
Säbel (m)	sayf munḥani (m)	سيف منحن
Speer (m)	rumḥ (m)	رمح
Bogen (m)	qaws (m)	قوس
Pfeil (m)	sahm (m)	سهم
Muskete (f)	muskīt (m)	مسكيت
Armbrust (f)	qaws musta'raḍ (m)	قوس مستعرض

157. Menschen der Antike

vorzeitlich	bidā'iy	بدائيّ
prähistorisch	ma qabl at tarīχ	ما قبل التاريخ
alt (antik)	qadīm	قديم
Steinzeit (f)	al 'aṣr al ḥaʒariy (m)	العصر الحجريّ
Bronzezeit (f)	al 'aṣr al brunziy (m)	العصر البرونزيّ
Eiszeit (f)	al 'aṣr al ʒalīdiy (m)	العصر الجليديّ
Stamm (m)	qabīla (f)	قبيلة
Kannibale (m)	'ākil laḥm al baʃar (m)	آكل لحم البشر
Jäger (m)	ṣayyād (m)	صيّاد
jagen (vi)	iṣṭād	إصطاد

Mammut (n)	mamūθ (m)	ماموث
Höhle (f)	kahf (m)	كهف
Feuer (n)	nār (f)	نار
Lagerfeuer (n)	nār muχayyam (m)	نار مخيّم
Höhlenmalerei (f)	rasm fil kahf (m)	رسم في الكهف
Werkzeug (n)	adāt (f)	أداة
Speer (m)	rumḥ (m)	رمح
Steinbeil (n), Steinaxt (f)	fa's ḥaʒariy (m)	فأس حجريّ
Krieg führen	ḥārab	حارب
domestizieren (vt)	daʒʒan	دجّن
Idol (n)	ṣanam (m)	صنم
anbeten (vt)	ʿabad	عبد
Aberglaube (m)	χurāfa (f)	خرافة
Brauch (m), Ritus (m)	mansak (m)	منسك
Evolution (f)	taṭawwur (m)	تطوّر
Entwicklung (f)	numuww (m)	نموّ
Verschwinden (n)	iχtifā' (m)	إختفاء
sich anpassen	takayyaf	تكيّف
Archäologie (f)	ʿilm al 'āθār (m)	علم الآثار
Archäologe (m)	ʿālim'āθār (m)	عالم آثار
archäologisch	aθariy	أثريّ
Ausgrabungsstätte (f)	mawqiʿ ḥafr (m)	موقع حفر
Ausgrabungen (pl)	tanqīb (m)	تنقيب
Fund (m)	iktiʃāf (m)	إكتشاف
Fragment (n)	qiṭʿa (f)	قطعة

158. Mittelalter

Volk (n)	ʃaʿb (m)	شعب
Völker (pl)	ʃuʿūb (pl)	شعوب
Stamm (m)	qabīla (f)	قبيلة
Stämme (pl)	qabā'il (pl)	قبائل
Barbaren (pl)	al barābira (pl)	البرابرة
Gallier (pl)	al ɣalyūn (pl)	الغاليون
Goten (pl)	al qūṭiyyūn (pl)	القوطيّون
Slawen (pl)	as silāf (pl)	السلاف
Wikinger (pl)	al vaykinɣ (pl)	الفايكينغ
Römer (pl)	ar rūmān (pl)	الرومان
römisch	rumāniy	رومانيّ
Byzantiner (pl)	bizanṭiyyūn (pl)	بيزنطيّون
Byzanz (n)	bīzanṭa (f)	بيزنطة
byzantinisch	bizanṭiy	بيزنطيّ
Kaiser (m)	imbiraṭūr (m)	إمبراطور
Häuptling (m)	zaʿīm (m)	زعيم
mächtig (Kaiser usw.)	qawiy	قويّ

König (m)	malik (m)	ملك
Herrscher (Monarch)	ḥākim (m)	حاكم
Ritter (m)	fāris (m)	فارس
Feudalherr (m)	iqṭāʿiy (m)	إقطاعيّ
feudal, Feudal-	iqṭāʿiy	إقطاعي
Vasall (m)	muqṭaʿ (m)	مقطع
Herzog (m)	dūq (m)	دوق
Graf (m)	īrl (m)	إيرل
Baron (m)	barūn (m)	بارون
Bischof (m)	usquf (m)	أسقف
Rüstung (f)	dirʿ (m)	درع
Schild (m)	turs (m)	ترس
Schwert (n)	sayf (m)	سيف
Visier (n)	ḥāffa amāmiyya lil χūða (f)	حافّة أماميّة للخوذة
Panzerhemd (n)	dirʿ az zarad (m)	درع الزرد
Kreuzzug (m)	ḥamla ṣalībiyya (f)	حملة صليبيّة
Kreuzritter (m)	ṣalībiy (m)	صليبيّ
Territorium (n)	arḍ (f)	أرض
einfallen (vt)	haʒam	هجم
erobern (vt)	fataḥ	فتح
besetzen (Land usw.)	iḥtall	إحتلّ
Belagerung (f)	ḥiṣār (m)	حصار
belagert	muḥāṣar	محاصر
belagern (vt)	ḥāṣar	حاصر
Inquisition (f)	maḥākim at taftīʃ (pl)	محاكم التفتيش
Inquisitor (m)	mufattiʃ (m)	مفتّش
Folter (f)	taʿðīb (m)	تعذيب
grausam (-e Folter)	qās	قاس
Häretiker (m)	harṭūqiy (m)	هرطوقيّ
Häresie (f)	harṭaqa (f)	هرطقة
Seefahrt (f)	as safar bil baḥr (m)	السفر بالبحر
Seeräuber (m)	qurṣān (m)	قرصان
Seeräuberei (f)	qarṣana (f)	قرصنة
Enterung (f)	muhāʒmat safīna (f)	مهاجمة سفينة
Beute (f)	ɣanīma (f)	غنيمة
Schätze (pl)	kunūz (pl)	كنوز
Entdeckung (f)	iktiʃāf (m)	إكتشاف
entdecken (vt)	iktaʃaf	إكتشف
Expedition (f)	baʿθa (f)	بعثة
Musketier (m)	fāris (m)	فارس
Kardinal (m)	kardināl (m)	كاردينال
Heraldik (f)	ʃiʿārāt an nabāla (pl)	شعارات النبالة
heraldisch	χāṣṣ bi ʃiʿārāt an nabāla	خاصّ بشعارات النبالة

159. Führungspersonen. Chef. Behörden

König (m)	malik (m)	ملك
Königin (f)	malika (f)	ملكة
königlich	malakiy	ملكيّ
Königreich (n)	mamlaka (f)	مملكة
Prinz (m)	amīr (m)	أمير
Prinzessin (f)	amīra (f)	أميرة
Präsident (m)	ra'īs (m)	رئيس
Vizepräsident (m)	nā'ib ar ra'īs (m)	نائب الرئيس
Senator (m)	'uḍw maʒlis aʃ ʃuyūχ (m)	عضو مجلس الشيوخ
Monarch (m)	'āhil (m)	عاهل
Herrscher (m)	ḥākim (m)	حاكم
Diktator (m)	diktatūr (m)	ديكتاتور
Tyrann (m)	ṭāɣiya (f)	طاغية
Magnat (m)	ra'smāliy kabīr (m)	رأسمالي كبير
Direktor (m)	mudīr (m)	مدير
Chef (m)	ra'īs (m)	رئيس
Leiter (einer Abteilung)	mudīr (m)	مدير
Boss (m)	ra'īs (m), mudīr (m)	رئيس, مدير
Eigentümer (m)	ṣāḥib (m)	صاحب
Führer (m)	za'īm (m)	زعيم
Leiter (Delegations-)	ra'īs (m)	رئيس
Behörden (pl)	sulutāt (pl)	سلطات
Vorgesetzten (pl)	ru'asā' (pl)	رؤساء
Gouverneur (m)	muḥāfiẓ (m)	محافظ
Konsul (m)	qunṣul (m)	قنصل
Diplomat (m)	diblumāsiy (m)	دبلوماسيّ
Bürgermeister (m)	ra'īs al baladiyya (m)	رئيس البلديّة
Sheriff (m)	ʃarīf (m)	شريف
Kaiser (m)	imbiraṭūr (m)	إمبراطور
Zar (m)	qayṣar (m)	قيصر
Pharao (m)	fir'awn (m)	فرعون
Khan (m)	χān (m)	خان

160. Gesetzesverstoß Verbrecher. Teil 1

Bandit (m)	qāṭi' ṭarīq (m)	قاطع طريق
Verbrechen (n)	ʒarīma (f)	جريمة
Verbrecher (m)	muʒrim (m)	مجرم
Dieb (m)	sāriq (m)	سارق
stehlen (vt)	saraq	سرق
Diebstahl (m), Stehlen (n)	sirqa (f)	سرقة
kidnappen (vt)	χaṭaf	خطف
Kidnapping (n)	χaṭf (m)	خطف

Kidnapper (m)	χāṭif (m)	خاطف
Lösegeld (n)	fidya (f)	فدية
Lösegeld verlangen	ṭalab fidya	طلب فدية
rauben (vt)	nahab	نهب
Raub (m)	nahb (m)	نهب
Räuber (m)	nahhāb (m)	نهّاب
erpressen (vt)	balṭaʒ	بلطج
Erpresser (m)	balṭaʒiy (m)	بلطجيّ
Erpressung (f)	balṭaʒa (f)	بلطجة
morden (vt)	qatal	قتل
Mord (m)	qatl (m)	قتل
Mörder (m)	qātil (m)	قاتل
Schuss (m)	ṭalaqat nār (f)	طلقة نار
schießen (vt)	aṭlaq an nār	أطلق النار
erschießen (vt)	qatal bir ruṣāṣ	قتل بالرصاص
feuern (vi)	aṭlaq an nār	أطلق النار
Schießerei (f)	iṭlāq an nār (m)	إطلاق النار
Vorfall (m)	ḥādiθ (m)	حادث
Schlägerei (f)	ʿirāk (m)	عراك
Hilfe!	sāʿidni	ساعدني!
Opfer (n)	ḍaḥiyya (f)	ضحيّة
beschädigen (vt)	atlaf	أتلف
Schaden (m)	χasāra (f)	خسارة
Leiche (f)	ʒuθθa (f)	جثّة
schwer (-es Verbrechen)	ʿanīf	عنيف
angreifen (vt)	haʒam	هجم
schlagen (vt)	ḍarab	ضرب
verprügeln (vt)	ḍarab	ضرب
wegnehmen (vt)	salab	سلب
erstechen (vt)	ṭaʿan ḥatta al mawt	طعن حتّى الموت
verstümmeln (vt)	ʃawwah	شوّه
verwunden (vt)	ʒaraḥ	جرح
Erpressung (f)	balṭaʒa (f)	بلطجة
erpressen (vt)	ibtazz	إبتزّ
Erpresser (m)	mubtazz (m)	مبتزّ
Schutzgelderpressung (f)	naṣb (m)	نصب
Erpresser (Racketeer)	naṣṣāb (m)	نصّاب
Gangster (m)	raʒul ʿiṣāba (m)	رجل عصابة
Mafia (f)	māfia (f)	مافيا
Taschendieb (m)	naʃʃāl (m)	نشّال
Einbrecher (m)	liṣṣ buyūt (m)	لصّ بيوت
Schmuggel (m)	tahrīb (m)	تهريب
Schmuggler (m)	muharrib (m)	مهرّب
Fälschung (f)	tazwīr (m)	تزوير
fälschen (vt)	zawwar	زوّر
gefälscht	muzawwar	مزوّر

161. Gesetzesbruch. Verbrecher. Teil 2

Vergewaltigung (f)	iɣtiṣāb (m)	إغتصاب
vergewaltigen (vt)	iɣtaṣab	إغتصب
Gewalttäter (m)	muɣtaṣib (m)	مغتصب
Besessene (m)	mahwūs (m)	مهووس
Prostituierte (f)	'āhira (f)	عاهرة
Prostitution (f)	da'āra (f)	دعارة
Zuhälter (m)	qawwād (m)	قوّاد
Drogenabhängiger (m)	mudmin muxaddirāt (m)	مدمن مخدّرات
Drogenhändler (m)	tāʒir muxaddirāt (m)	تاجر مخدّرات
sprengen (vt)	faʒʒar	فجّر
Explosion (f)	infiʒār (m)	إنفجار
in Brand stecken	aʃ'al an nār	أشعل النار
Brandstifter (m)	muʃ'il ḥarīq (m)	مشعل حريق
Terrorismus (m)	irhāb (m)	إرهاب
Terrorist (m)	irhābiy (m)	إرهابيّ
Geisel (m, f)	rahīna (m)	رهينة
betrügen (vt)	iḥtāl	إحتال
Betrug (m)	iḥtiyāl (m)	إحتيال
Betrüger (m)	muḥtāl (m)	محتال
bestechen (vt)	raʃa	رشا
Bestechlichkeit (f)	irtiʃā' (m)	إرتشاء
Bestechungsgeld (n)	raʃwa (f)	رشوة
Gift (n)	samm (m)	سمّ
vergiften (vt)	sammam	سمّم
sich vergiften	sammam nafsahu	سمّم نفسه
Selbstmord (m)	intiḥār (m)	إنتحار
Selbstmörder (m)	muntaḥir (m)	منتحر
drohen (vi)	haddad	هدّد
Drohung (f)	tahdīd (m)	تهديد
versuchen (vt)	ḥāwal iɣtiyāl	حاول الإغتيال
Attentat (n)	muḥāwalat iɣtiyāl (f)	محاولة إغتيال
stehlen (Auto ~)	saraq	سرق
entführen (Flugzeug ~)	iɣtaṭaf	إختطف
Rache (f)	intiqām (m)	إنتقام
sich rächen	intaqam	إنتقم
foltern (vt)	'aððab	عذّب
Folter (f)	ta'ðīb (m)	تعذيب
quälen (vt)	'aððab	عذّب
Seeräuber (m)	qurṣān (m)	قرصان
Rowdy (m)	wabaʃ (m)	وبش

bewaffnet	musallaḥ	مسلّح
Gewalt (f)	ʿunf (m)	عنف
ungesetzlich	ɣayr qānūniy	غير قانونيّ
Spionage (f)	taʒassas (m)	تجسّس
spionieren (vi)	taʒassas	تجسّس

162. Polizei Recht. Teil 1

Justiz (f)	qaḍāʾ (m)	قضاء
Gericht (n)	maḥkama (f)	محكمة
Richter (m)	qāḍi (m)	قاض
Geschworenen (pl)	muḥallafūn (pl)	محلّفون
Geschworenengericht (n)	qaḍāʾ al muḥallafīn (m)	قضاء المحلّفين
richten (vt)	ḥakam	حكم
Rechtsanwalt (m)	muḥāmi (m)	محام
Angeklagte (m)	muddaʿa ʿalayh (m)	مدّعى عليه
Anklagebank (f)	qafṣ al ittihām (m)	قفص الإتّهام
Anklage (f)	ittihām (m)	إتّهام
Beschuldigte (m)	muttaham (m)	متّهم
Urteil (n)	ḥukm (m)	حكم
verurteilen (vt)	ḥakam	حكم
Schuldige (m)	muðnib (m)	مذنب
bestrafen (vt)	ʿāqab	عاقب
Strafe (f)	ʿuqūba (f), ʿiqāb (m)	عقوبة, عقاب
Geldstrafe (f)	ɣarāma (f)	غرامة
lebenslange Haft (f)	siʒn mada al ḥayāt (m)	سجن مدى الحياة
Todesstrafe (f)	ʿuqūbat ʾiʿdām (f)	عقوبة إعدام
elektrischer Stuhl (m)	kursiy kaharabāʾiy (m)	كرسيّ كهربائيّ
Galgen (m)	maʃnaqa (f)	مشنقة
hinrichten (vt)	aʿdam	أعدم
Hinrichtung (f)	iʿdām (m)	إعدام
Gefängnis (n)	siʒn (m)	سجن
Zelle (f)	zinzāna (f)	زنزانة
Eskorte (f)	ḥirāsa (f)	حراسة
Gefängniswärter (m)	ḥāris siʒn (m)	حارس سجن
Gefangene (m)	saʒīn (m)	سجين
Handschellen (pl)	aṣfād (pl)	أصفاد
Handschellen anlegen	ṣaffad	صفّد
Ausbruch (Flucht)	hurūb min as siʒn (m)	هروب من السجن
ausbrechen (vi)	harab	هرب
verschwinden (vi)	iχtafa	إختفى
aus ... entlassen	aχla sabīl	أخلى سبيل

Amnestie (f)	ʿafw ʿāmm (m)	عفو عامّ
Polizei (f)	ʃurṭa (f)	شرطة
Polizist (m)	ʃurṭiy (m)	شرطيّ
Polizeiwache (f)	qism ʃurṭa (m)	قسم شرطة
Gummiknüppel (m)	hirāwat aʃ ʃurṭiy (f)	هراوة الشرطيّ
Sprachrohr (n)	būq (m)	بوق
Streifenwagen (m)	sayyārat dawrīyyāt (f)	سيّارة دوريّات
Sirene (f)	ṣaffārat inðār (f)	صفّارة إنذار
die Sirene einschalten	aṭlaq sirīna	أطلق سرينة
Sirenengeheul (n)	ṣawt sirīna (m)	صوت سرينة
Tatort (m)	masraḥ al ʒarīma (m)	مسرح الجريمة
Zeuge (m)	ʃāhid (m)	شاهد
Freiheit (f)	ḥurriyya (f)	حرّيّة
Komplize (m)	ʃarīk fil ʒarīma (m)	شريك في الجريمة
verschwinden (vi)	harab	هرب
Spur (f)	aθar (m)	أثر

163. Polizei. Recht. Teil 2

Fahndung (f)	baḥθ (m)	بحث
suchen (vt)	baḥaθ	بحث
Verdacht (m)	ʃubha (f)	شبهة
verdächtig (Adj)	maʃbūh	مشبوه
anhalten (Polizei)	awqaf	أوقف
verhaften (vt)	iʿtaqal	إعتقل
Fall (m), Klage (f)	qaḍiyya (f)	قضيّة
Untersuchung (f)	taḥqīq (m)	تحقيق
Detektiv (m)	muḥaqqiq (m)	محقّق
Ermittlungsrichter (m)	mufattiʃ (m)	مفتّش
Version (f)	riwāya (f)	رواية
Motiv (n)	dāfiʿ (m)	دافع
Verhör (n)	istiʒwāb (m)	إستجواب
verhören (vt)	istaʒwab	إستجوب
vernehmen (vt)	istanṭaq	إستنطق
Kontrolle (Personen-)	faḥṣ (m)	فحص
Razzia (f)	ʒamʿ (m)	جمع
Durchsuchung (f)	taftīʃ (m)	تفتيش
Verfolgung (f)	muṭārada (f)	مطاردة
nachjagen (vi)	ṭārad	طارد
verfolgen (vt)	tābaʿ	تابع
Verhaftung (f)	iʿtiqāl (m)	إعتقال
verhaften (vt)	iʿtaqal	إعتقل
fangen (vt)	qabaḍ	قبض
Festnahme (f)	qabḍ (m)	قبض
Dokument (n)	waθīqa (f)	وثيقة
Beweis (m)	dalīl (m)	دليل
beweisen (vt)	aθbat	أثبت

Fußspur (f)	baṣma (f)	بصمة
Fingerabdrücke (pl)	baṣamāt al aṣābiʿ (pl)	بصمات الأصابع
Beweisstück (n)	dalīl (m)	دليل
Alibi (n)	dafʿ bil ɣayba (f)	دفع بالغيبة
unschuldig	barīʾ	بريء
Ungerechtigkeit (f)	ẓulm (m)	ظلم
ungerecht	ɣayr ʿādil	غير عادل
Kriminal-	iʒrāmiy	إجراميّ
beschlagnahmen (vt)	ṣādar	صادر
Droge (f)	muχaddirāt (pl)	مخدّرات
Waffe (f)	silāḥ (m)	سلاح
entwaffnen (vt)	ʒarrad min as silāḥ	جرّد من السلاح
befehlen (vt)	amar	أمر
verschwinden (vi)	iχtafa	إختفى
Gesetz (n)	qānūn (m)	قانون
gesetzlich	qānūniy, ʃarʿiy	قانونيّ, شرعيّ
ungesetzlich	ɣayr qanūny, ɣayr ʃarʿi	غير قانونيّ, غير شرعيّ
Verantwortlichkeit (f)	masʾūliyya (f)	مسؤوليّة
verantwortlich	masʾūl (m)	مسؤول

NATUR

Die Erde. Teil 1

164. Weltall

Kosmos (m)	faḍā' (m)	فضاء
kosmisch, Raum-	faḍā'iy	فضائيّ
Weltraum (m)	faḍā' (m)	فضاء
All (n)	'ālam (m)	عالم
Universum (n)	al kawn (m)	الكون
Galaxie (f)	al maʒarra (f)	المجرّة
Stern (m)	naʒm (m)	نجم
Gestirn (n)	burʒ (m)	برج
Planet (m)	kawkab (m)	كوكب
Satellit (m)	qamar ṣinā'iy (m)	قمر صناعيّ
Meteorit (m)	ḥaʒar nayzakiy (m)	حجر نيزكيّ
Komet (m)	muðannab (m)	مذنّب
Asteroid (m)	kuwaykib (m)	كويكب
Umlaufbahn (f)	madār (m)	مدار
sich drehen	dār	دار
Atmosphäre (f)	al ɣilāf al ʒawwiy (m)	الغلاف الجوّيّ
Sonne (f)	aʃ ʃams (f)	الشمس
Sonnensystem (n)	al maʒmū'a aʃ ʃamsiyya (f)	المجموعة الشمسيّة
Sonnenfinsternis (f)	kusūf aʃ ʃams (m)	كسوف الشمس
Erde (f)	al arḍ (f)	الأرض
Mond (m)	al qamar (m)	القمر
Mars (m)	al mirrīχ (m)	المرّيخ
Venus (f)	az zahra (f)	الزهرة
Jupiter (m)	al muʃtari (m)	المشتري
Saturn (m)	zuḥal (m)	زحل
Merkur (m)	'aṭārid (m)	عطارد
Uran (m)	urānus (m)	اورانوس
Neptun (m)	nibtūn (m)	نبتون
Pluto (m)	blūtu (m)	بلوتو
Milchstraße (f)	darb at tabbāna (m)	درب التبّانة
Der Große Bär	ad dubb al akbar (m)	الدبّ الأكبر
Polarstern (m)	naʒm al 'quṭb (m)	نجم القطب
Marsbewohner (m)	sākin al mirrīχ (m)	ساكن المرّيخ
Außerirdischer (m)	faḍā'iy (m)	فضائيّ

außerirdisches Wesen (n)	faḍā'iy (m)	فضائيّ
fliegende Untertasse (f)	ṭabaq ṭā'ir (m)	طبق طائر
Raumschiff (n)	markaba faḍā'iyya (f)	مركبة فضائيّة
Raumstation (f)	maḥaṭṭat faḍā' (f)	محطّة فضاء
Raketenstart (m)	inṭilāq (m)	إنطلاق
Triebwerk (n)	mutūr (m)	موتور
Düse (f)	manfaθ (m)	منفث
Treibstoff (m)	wuqūd (m)	وقود
Kabine (f)	kabīna (f)	كابينة
Antenne (f)	hawā'iy (m)	هوائيّ
Bullauge (n)	kuwwa mustadīra (f)	كوّة مستديرة
Sonnenbatterie (f)	lawḥ ʃamsiy (m)	لوح شمسيّ
Raumanzug (m)	baðlat al faḍā' (f)	بذلة الفضاء
Schwerelosigkeit (f)	in'idām al wazn (m)	إنعدام الوزن
Sauerstoff (m)	uksiʒīn (m)	أكسجين
Ankopplung (f)	rasw (m)	رسو
koppeln (vi)	rasa	رسا
Observatorium (n)	marṣad (m)	مرصد
Teleskop (n)	tiliskūp (m)	تلسكوب
beobachten (vt)	rāqab	راقب
erforschen (vt)	istakʃaf	إستكشف

165. Die Erde

Erde (f)	al arḍ (f)	الأرض
Erdkugel (f)	al kura al arḍiyya (f)	الكرة الأرضيّة
Planet (m)	kawkab (m)	كوكب
Atmosphäre (f)	al ɣilāf al ʒawwiy (m)	الغلاف الجوّيّ
Geographie (f)	ʒuɣrāfiya (f)	جغرافيا
Natur (f)	ṭabī'a (f)	طبيعة
Globus (m)	namūðaʒ lil kura al arḍiyya (m)	نموذج للكرة الأرضيّة
Landkarte (f)	xarīṭa (f)	خريطة
Atlas (m)	aṭlas (m)	أطلس
Europa (n)	urūbba (f)	أوروبّا
Asien (n)	'āsiya (f)	آسيا
Afrika (n)	afrīqiya (f)	أفريقيا
Australien (n)	usturāliya (f)	أستراليا
Amerika (n)	amrīka (f)	أمريكا
Nordamerika (n)	amrīka aʃ ʃimāliyya (f)	أمريكا الشماليّة
Südamerika (n)	amrīka al ʒanūbiyya (f)	أمريكا الجنوبيّة
Antarktis (f)	al quṭb al ʒanūbiy (m)	القطب الجنوبيّ
Arktis (f)	al quṭb aʃ ʃimāliy (m)	القطب الشماليّ

166. Himmelsrichtungen

Norden (m)	ʃimāl (m)	شمال
nach Norden	ilaʃ ʃimāl	إلى الشمال
im Norden	fiʃ ʃimāl	في الشمال
nördlich	ʃimāliy	شماليّ
Süden (m)	ʒanūb (m)	جنوب
nach Süden	ilal ʒanūb	إلى الجنوب
im Süden	fil ʒanūb	في الجنوب
südlich	ʒanūbiy	جنوبيّ
Westen (m)	ɣarb (m)	غرب
nach Westen	ilal ɣarb	إلى الغرب
im Westen	fil ɣarb	في الغرب
westlich, West-	ɣarbiy	غربيّ
Osten (m)	ʃarq (m)	شرق
nach Osten	ilaʃ ʃarq	إلى الشرق
im Osten	fiʃ ʃarq	في الشرق
östlich	ʃarqiy	شرقيّ

167. Meer. Ozean

Meer (n), See (f)	baḥr (m)	بحر
Ozean (m)	muḥīṭ (m)	محيط
Golf (m)	χalīʒ (m)	خليج
Meerenge (f)	maḍīq (m)	مضيق
Festland (n)	barr (m)	برّ
Kontinent (m)	qārra (f)	قارّة
Insel (f)	ʒazīra (f)	جزيرة
Halbinsel (f)	ʃibh ʒazīra (f)	شبه جزيرة
Archipel (m)	maʒmūʿat ʒuzur (f)	مجموعة جزر
Bucht (f)	χalīʒ (m)	خليج
Hafen (m)	mīnā' (m)	ميناء
Lagune (f)	buḥayra ʃāṭi'a (f)	بحيرة شاطئة
Kap (n)	ra's (m)	رأس
Atoll (n)	ʒazīra marʒāniyya istiwā'iyya (f)	جزيرة مرجانيّة إستوائيّة
Riff (n)	ʃiʿāb (pl)	شعاب
Koralle (f)	murʒān (m)	مرجان
Korallenriff (n)	ʃiʿāb marʒāniyya (pl)	شعاب مرجانيّة
tief (Adj)	ʿamīq	عميق
Tiefe (f)	ʿumq (m)	عمق
Abgrund (m)	mahwāt (f)	مهواة
Graben (m)	χandaq (m)	خندق
Strom (m)	tayyār (m)	تيّار
umspülen (vt)	aḥāṭ	أحاط

Ufer (n)	sāḥil (m)	ساحل
Küste (f)	sāḥil (m)	ساحل
Flut (f)	madd (m)	مدّ
Ebbe (f)	ʒazr (m)	جزر
Sandbank (f)	miyāh ḍaḥla (f)	مياه ضحلة
Boden (m)	qāʿ (m)	قاع
Welle (f)	mawʒa (f)	موجة
Wellenkamm (m)	qimmat mawʒa (f)	قمّة موجة
Schaum (m)	zabad al baḥr (m)	زبد البحر
Sturm (m)	ʿāṣifa (f)	عاصفة
Orkan (m)	iʿṣār (m)	إعصار
Tsunami (m)	tsunāmi (m)	تسونامي
Windstille (f)	hudūʾ (m)	هدوء
ruhig	hādiʾ	هادئ
Pol (m)	quṭb (m)	قطب
Polar-	quṭby	قطبيّ
Breite (f)	ʿarḍ (m)	عرض
Länge (f)	ṭūl (m)	طول
Breitenkreis (m)	mutawāzi (m)	متواز
Äquator (m)	χaṭṭ al istiwāʾ (m)	خط الإستواء
Himmel (m)	samāʾ (f)	سماء
Horizont (m)	ufuq (m)	أفق
Luft (f)	hawāʾ (m)	هواء
Leuchtturm (m)	manāra (f)	منارة
tauchen (vi)	ɣāṣ	غاص
versinken (vi)	ɣariq	غرق
Schätze (pl)	kunūz (pl)	كنوز

168. Berge

Berg (m)	ʒabal (m)	جبل
Gebirgskette (f)	silsilat ʒibāl (f)	سلسلة جبال
Bergrücken (m)	qimam ʒabaliyya (pl)	قمم جبليّة
Gipfel (m)	qimma (f)	قمّة
Spitze (f)	qimma (f)	قمّة
Bergfuß (m)	asfal (m)	أسفل
Abhang (m)	munḥadar (m)	منحدر
Vulkan (m)	burkān (m)	بركان
tätiger Vulkan (m)	burkān naʃiṭ (m)	بركان نشط
schlafender Vulkan (m)	burkān χāmid (m)	بركان خامد
Ausbruch (m)	θawrān (m)	ثوران
Krater (m)	fūhat al burkān (f)	فوهة البركان
Magma (n)	māɣma (f)	ماغما
Lava (f)	ḥumam burkāniyya (pl)	حمم بركانيّة

glühend heiß (-e Lava)	munṣahira	منصهرة
Cañon (m)	tal'a (m)	تلعة
Schlucht (f)	wādi ḍayyiq (m)	واد ضيّق
Spalte (f)	ʃaqq (m)	شقّ
Abgrund (m) (steiler ~)	hāwiya (f)	هاوية
Gebirgspass (m)	mamarr ʒabaliy (m)	ممرّ جبليّ
Plateau (n)	haḍba (f)	هضبة
Fels (m)	ʒurf (m)	جرف
Hügel (m)	tall (m)	تلّ
Gletscher (m)	nahr ʒalīdiy (m)	نهر جليديّ
Wasserfall (m)	ʃallāl (m)	شلّال
Geiser (m)	fawwāra ḥārra (m)	فوّارة حارّة
See (m)	buḥayra (f)	بحيرة
Ebene (f)	sahl (m)	سهل
Landschaft (f)	manẓar ṭabī'iy (m)	منظر طبيعيّ
Echo (n)	ṣada (m)	صدى
Bergsteiger (m)	mutasalliq al ʒibāl (m)	متسلّق الجبال
Kletterer (m)	mutasalliq ṣuχūr (m)	متسلّق صخور
bezwingen (vt)	taɣallab 'ala	تغلّب على
Aufstieg (m)	tasalluq (m)	تسلّق

169. Flüsse

Fluss (m)	nahr (m)	نهر
Quelle (f)	'ayn (m)	عين
Flussbett (n)	maʒra an nahr (m)	مجرى النهر
Stromgebiet (n)	ḥawḍ (m)	حوض
einmünden in ...	ṣabb fi ...	صبّ في...
Nebenfluss (m)	rāfid (m)	رافد
Ufer (n)	ḍiffa (f)	ضفّة
Strom (m)	tayyār (m)	تيّار
stromabwärts	f ittiʒāh maʒra an nahr	في إتجاه مجرى النهر
stromaufwärts	ḍidd at tayyār	ضد التيّار
Überschwemmung (f)	ɣamr (m)	غمر
Hochwasser (n)	fayaḍān (m)	فيضان
aus den Ufern treten	fāḍ	فاض
überfluten (vt)	ɣamar	غمر
Sandbank (f)	miyāh ḍaḥla (f)	مياه ضحلة
Stromschnelle (f)	munḥadar an nahr (m)	منحدر النهر
Damm (m)	sadd (m)	سدّ
Kanal (m)	qanāt (f)	قناة
Stausee (m)	χazzān mā'iy (m)	خزّان مائيّ
Schleuse (f)	hawīs (m)	هويس
Gewässer (n)	masṭaḥ mā'iy (m)	مسطح مائيّ
Sumpf (m), Moor (n)	mustanqa' (m)	مستنقع

Marsch (f)	mustanqa' (m)	مستنقع
Strudel (m)	dawwāma (f)	دوّامة
Bach (m)	ʒadwal mā'iy (m)	جدول مائيّ
Trink- (z.B. Trinkwasser)	aʃ ʃurb	الشرب
Süß- (Wasser)	'aðb	عذب
Eis (n)	ʒalīd (m)	جليد
zufrieren (vi)	taʒammad	تجمّد

170. Wald

Wald (m)	ɣāba (f)	غابة
Wald-	ɣāba	غابة
Dickicht (n)	ɣāba kaθīfa (f)	غابة كثيفة
Gehölz (n)	ɣāba ṣaɣīra (f)	غابة صغيرة
Lichtung (f)	minṭaqa uzīlat minha al aʃʒār (f)	منطقة أزيلت منها الأشجار
Dickicht (n)	aʒama (f)	أجمة
Gebüsch (n)	ʃuʒayrāt (pl)	شجيرات
Fußweg (m)	mamarr (m)	ممرّ
Erosionsrinne (f)	wādi ḍayyiq (m)	واد ضيّق
Baum (m)	ʃaʒara (f)	شجرة
Blatt (n)	waraqa (f)	ورقة
Laub (n)	waraq (m)	ورق
Laubfall (m)	tasāquṭ al awrāq (m)	تساقط الأوراق
fallen (Blätter)	saqaṭ	سقط
Wipfel (m)	ra's (m)	رأس
Zweig (m)	ɣuṣn (m)	غصن
Ast (m)	ɣuṣn (m)	غصن
Knospe (f)	bur'um (m)	برعم
Nadel (f)	ʃawka (f)	شوكة
Zapfen (m)	kūz aṣ ṣanawbar (m)	كوز الصنوبر
Höhlung (f)	ʒawf (m)	جوف
Nest (n)	'uʃʃ (m)	عشّ
Höhle (f)	ʒuḥr (m)	جحر
Stamm (m)	ʒið' (m)	جذع
Wurzel (f)	ʒiðr (m)	جذر
Rinde (f)	liḥā' (m)	لحاء
Moos (n)	ṭuḥlub (m)	طحلب
entwurzeln (vt)	iqtala'	إقتلع
fällen (vt)	qaṭa'	قطع
abholzen (vt)	azāl al ɣābāt	أزال الغابات
Baumstumpf (m)	ʒið' aʃ ʃaʒara (m)	جذع الشجرة
Lagerfeuer (n)	nār muxayyam (m)	نار مخيّم

Waldbrand (m)	ḥarīq ɣāba (m)	حريق غابة
löschen (vt)	aṭfa'	أطفأ
Förster (m)	ḥāris al ɣāba (m)	حارس الغابة
Schutz (m)	ḥimāya (f)	حماية
beschützen (vt)	ḥama	حمى
Wilddieb (m)	sāriq aṣ ṣayd (m)	سارق الصيد
Falle (f)	maṣyada (f)	مصيدة
sammeln, pflücken (vt)	ʒama'	جمع
sich verirren	tāh	تاه

171. natürliche Lebensgrundlagen

Naturressourcen (pl)	θarawāt ṭabī'iyya (pl)	ثروات طبيعيّة
Bodenschätze (pl)	ma'ādin (pl)	معادن
Vorkommen (n)	makāmin (pl)	مكامن
Feld (Ölfeld usw.)	ḥaql (m)	حقل
gewinnen (vt)	istaχraʒ	إستخرج
Gewinnung (f)	istiχrāʒ (m)	إستخراج
Erz (n)	χām (m)	خام
Bergwerk (n)	manʒam (m)	منجم
Schacht (m)	manʒam (m)	منجم
Bergarbeiter (m)	'āmil manʒam (m)	عامل منجم
Erdgas (n)	ɣāz (m)	غاز
Gasleitung (f)	χaṭṭ anābīb ɣāz (m)	خط أنابيب غاز
Erdöl (n)	nafṭ (m)	نفط
Erdölleitung (f)	anābīb an nafṭ (pl)	أنابيب النفط
Ölquelle (f)	bi'r an nafṭ (m)	بئر النفط
Bohrturm (m)	ḥaffāra (f)	حفّارة
Tanker (m)	nāqilat an nafṭ (f)	ناقلة النفط
Sand (m)	raml (m)	رمل
Kalkstein (m)	ḥaʒar kalsiy (m)	حجر كلسيّ
Kies (m)	ḥaṣa (m)	حصى
Torf (m)	χaθθ faḥm nabātiy (m)	خثّ فحم نباتيّ
Ton (m)	ṭīn (m)	طين
Kohle (f)	faḥm (m)	فحم
Eisen (n)	ḥadīd (m)	حديد
Gold (n)	ðahab (m)	ذهب
Silber (n)	fiḍḍa (f)	فضّة
Nickel (n)	nikil (m)	نيكل
Kupfer (n)	nuḥās (m)	نحاس
Zink (n)	zink (m)	زنك
Mangan (n)	manɣanīz (m)	منغنيز
Quecksilber (n)	zi'baq (m)	زئبق
Blei (n)	ruṣāṣ (m)	رصاص
Mineral (n)	ma'dan (m)	معدن
Kristall (m)	ballūra (f)	بلّورة

Marmor (m)	ruχām (m)	رخام
Uran (n)	yurānuim (m)	يورانيوم

Die Erde. Teil 2

172. Wetter

Wetter (n)	ṭaqs (m)	طقس
Wetterbericht (m)	naʃra ʒawwiyya (f)	نشرة جوّيّة
Temperatur (f)	ḥarāra (f)	حرارة
Thermometer (n)	tirmūmitr (m)	ترمومتر
Barometer (n)	barūmitr (m)	بارومتر
feucht	raṭib	رطب
Feuchtigkeit (f)	ruṭūba (f)	رطوبة
Hitze (f)	ḥarāra (f)	حرارة
glutheiß	ḥārr	حارّ
ist heiß	al ʒaww ḥārr	الجوّ حارّ
ist warm	al ʒaww dāfi'	الجوّ دافئ
warm (Adj)	dāfi'	دافئ
ist kalt	al ʒaww bārid	الجوّ بارد
kalt (Adj)	bārid	بارد
Sonne (f)	ʃams (f)	شمس
scheinen (vi)	aḍā'	أضاء
sonnig (Adj)	muʃmis	مشمس
aufgehen (vi)	ʃaraq	شرق
untergehen (vi)	ɣarab	غرب
Wolke (f)	saḥāba (f)	سحابة
bewölkt, wolkig	ɣā'im	غائم
Regenwolke (f)	saḥābat maṭar (f)	سحابة مطر
trüb (-er Tag)	ɣā'im	غائم
Regen (m)	maṭar (m)	مطر
Es regnet	innaha tamṭur	إنّها تمطر
regnerisch (-er Tag)	mumṭir	ممطر
nieseln (vi)	raðð	رذّ
strömender Regen (m)	maṭar munhamir (f)	مطر منهمر
Regenschauer (m)	maṭar ɣazīr (m)	مطر غزير
stark (-er Regen)	ʃadīd	شديد
Pfütze (f)	birka (f)	بركة
nass werden (vi)	ibtall	إبتلّ
Nebel (m)	ḍabāb (m)	ضباب
neblig (-er Tag)	muḍabbab	مضبّب
Schnee (m)	θalʒ (m)	ثلج
Es schneit	innaha taθluʒ	إنّها تثلج

173. Unwetter Naturkatastrophen

Gewitter (n)	ʿāṣifa raʿdiyya (f)	عاصفة رعديّة
Blitz (m)	barq (m)	برق
blitzen (vi)	baraq	برق
Donner (m)	raʿd (m)	رعد
donnern (vi)	raʿad	رعد
Es donnert	tarʿad as samāʾ	ترعد السماء
Hagel (m)	maṭar bard (m)	مطر برد
Es hagelt	tamṭur as samāʾ bardan	تمطر السماء بردًا
überfluten (vt)	ɣamar	غمر
Überschwemmung (f)	fayaḍān (m)	فيضان
Erdbeben (n)	zilzāl (m)	زلزال
Erschütterung (f)	hazza arḍiyya (f)	هزّة أرضيّة
Epizentrum (n)	markaz az zilzāl (m)	مركز الزلزال
Ausbruch (m)	θawrān (m)	ثوران
Lava (f)	ḥumam burkāniyya (pl)	حمم بركانيّة
Wirbelsturm (m), Tornado (m)	iʿṣār (m)	إعصار
Taifun (m)	ṭūfān (m)	طوفان
Orkan (m)	iʿṣār (m)	إعصار
Sturm (m)	ʿāṣifa (f)	عاصفة
Tsunami (m)	tsunāmi (m)	تسونامي
Zyklon (m)	iʿṣār (m)	إعصار
Unwetter (n)	ṭaqs sayyiʾ (m)	طقس سيّء
Brand (m)	ḥarīq (m)	حريق
Katastrophe (f)	kāriθa (f)	كارثة
Meteorit (m)	ḥaʒar nayzakiy (m)	حجر نيزكيّ
Lawine (f)	inhiyār θalʒiy (m)	إنهيار ثلجيّ
Schneelawine (f)	inhiyār θalʒiy (m)	إنهيار ثلجيّ
Schneegestöber (n)	ʿāṣifa θalʒiyya (f)	عاصفة ثلجيّة
Schneesturm (m)	ʿāṣifa θalʒiyya (f)	عاصفة ثلجيّة

Fauna

174. Säugetiere. Raubtiere

Raubtier (n)	ḥayawān muftaris (m)	حيوان مفترس
Tiger (m)	namir (m)	نمر
Löwe (m)	asad (m)	أسد
Wolf (m)	ðiʾb (m)	ذئب
Fuchs (m)	θaʿlab (m)	ثعلب
Jaguar (m)	namir amrīkiy (m)	نمر أمريكيّ
Leopard (m)	fahd (m)	فهد
Gepard (m)	namir ṣayyād (m)	نمر صيّاد
Panther (m)	namir aswad (m)	نمر أسود
Puma (m)	būma (m)	بوما
Schneeleopard (m)	namir aθ θulūʒ (m)	نمر الثلوج
Luchs (m)	waʃaq (m)	وشق
Kojote (m)	qayūṭ (m)	قيوط
Schakal (m)	ibn ʾāwa (m)	ابن آوى
Hyäne (f)	ḍabuʿ (m)	ضبع

175. Tiere in freier Wildbahn

Tier (n)	ḥayawān (m)	حيوان
Bestie (f)	ḥayawān (m)	حيوان
Eichhörnchen (n)	sinʒāb (m)	سنجاب
Igel (m)	qumfuð (m)	قنفذ
Hase (m)	arnab barriy (m)	أرنب برّيّ
Kaninchen (n)	arnab (m)	أرنب
Dachs (m)	ɣarīr (m)	غرير
Waschbär (m)	rākūn (m)	راكون
Hamster (m)	qidād (m)	قداد
Murmeltier (n)	marmuṭ (m)	مرموط
Maulwurf (m)	χuld (m)	خلد
Maus (f)	faʾr (m)	فأر
Ratte (f)	ʒurað (m)	جرذ
Fledermaus (f)	χuffāʃ (m)	خفّاش
Hermelin (n)	qāqum (m)	قاقم
Zobel (m)	sammūr (m)	سمّور
Marder (m)	dalaq (m)	دلق
Wiesel (n)	ibn ʿirs (m)	إبن عرس
Nerz (m)	mink (m)	منك

Biber (m)	qundus (m)	قندس
Fischotter (m)	quḍā'a (f)	قضاعة
Pferd (n)	ḥiṣān (m)	حصان
Elch (m)	mūẓ (m)	موظ
Hirsch (m)	ayyil (m)	أيّل
Kamel (n)	ʒamal (m)	جمل
Bison (m)	bisūn (m)	بيسون
Wisent (m)	θawr barriy (m)	ثور برّيّ
Büffel (m)	ʒāmūs (m)	جاموس
Zebra (n)	ḥimār zarad (m)	حمار زرد
Antilope (f)	ẓabiy (m)	ظبي
Reh (n)	yaḥmūr (m)	يحمور
Damhirsch (m)	ayyil asmar urubbiy (m)	أيّل أسمر أوروبّيّ
Gämse (f)	ʃamwāh (f)	شامواه
Wildschwein (n)	χinzīr barriy (m)	خنزير برّيّ
Wal (m)	ḥūt (m)	حوت
Seehund (m)	fuqma (f)	فقمة
Walroß (n)	faẓẓ (m)	فظّ
Seebär (m)	fuqmat al firā' (f)	فقمة الفراء
Delfin (m)	dilfīn (m)	دلفين
Bär (m)	dubb (m)	دبّ
Eisbär (m)	dubb quṭbiy (m)	دبّ قطبيّ
Panda (m)	bānda (m)	باندا
Affe (m)	qird (m)	قرد
Schimpanse (m)	ʃimbanzi (m)	شيمبانزي
Orang-Utan (m)	urangutān (m)	أورنغوتان
Gorilla (m)	ɣurīlla (f)	غوريلا
Makak (m)	qird al makāk (m)	قرد المكاك
Gibbon (m)	ʒibbūn (m)	جيبون
Elefant (m)	fīl (m)	فيل
Nashorn (n)	χartīt (m)	خرتيت
Giraffe (f)	zarāfa (f)	زرافة
Flusspferd (n)	faras an nahr (m)	فرس النهر
Känguru (n)	kanɣar (m)	كنغر
Koala (m)	kuala (m)	كوالا
Manguste (f)	nims (m)	نمس
Chinchilla (n)	ʃinʃila (f)	شنشيلة
Stinktier (n)	ẓaribān (m)	ظربان
Stachelschwein (n)	nīṣ (m)	نيص

176. Haustiere

Katze (f)	qiṭṭa (f)	قطّة
Kater (m)	ðakar al qiṭṭ (m)	ذكر القطّ
Hund (m)	kalb (m)	كلب

Pferd (n)	ḥiṣān (m)	حصان
Hengst (m)	faḥl al χayl (m)	فحل الخيل
Stute (f)	unθa al faras (f)	أنثى الفرس
Kuh (f)	baqara (f)	بقرة
Stier (m)	θawr (m)	ثور
Ochse (m)	θawr (m)	ثور
Schaf (n)	χarūf (f)	خروف
Widder (m)	kabʃ (m)	كبش
Ziege (f)	māʿiz (m)	ماعز
Ziegenbock (m)	ðakar al māʿið (m)	ذكر الماعز
Esel (m)	ḥimār (m)	حمار
Maultier (n)	baɣl (m)	بغل
Schwein (n)	χinzīr (m)	خنزير
Ferkel (n)	χannūṣ (m)	خنّوص
Kaninchen (n)	arnab (m)	أرنب
Huhn (n)	daʒāʒa (f)	دجاجة
Hahn (m)	dīk (m)	ديك
Ente (f)	baṭṭa (f)	بطّة
Enterich (m)	ðakar al baṭṭ (m)	ذكر البطّ
Gans (f)	iwazza (f)	إوزّة
Puter (m)	dīk rūmiy (m)	ديك روميّ
Pute (f)	daʒāʒ rūmiy (m)	دجاج روميّ
Haustiere (pl)	ḥayawānāt dawāʒin (pl)	حيوانات دواجن
zahm	alīf	أليف
zähmen (vt)	allaf	ألّف
züchten (vt)	rabba	ربّى
Farm (f)	mazraʿa (f)	مزرعة
Geflügel (n)	ṭuyūr dāʒina (pl)	طيور داجنة
Vieh (n)	māʃiya (f)	ماشية
Herde (f)	qaṭīʿ (m)	قطيع
Pferdestall (m)	isṭabl χayl (m)	إسطبل خيل
Schweinestall (m)	ḥaẓīrat al χanāzīr (f)	حظيرة الخنازير
Kuhstall (m)	zirībat al baqar (f)	زريبة البقر
Kaninchenstall (m)	qunn al arānib (m)	قنّ الأرانب
Hühnerstall (m)	qunn ad daʒāʒ (m)	قن الدجاج

177. Hunde. Hunderassen

Hund (m)	kalb (m)	كلب
Schäferhund (m)	kalb raʿy (m)	كلب رعي
Deutsche Schäferhund (m)	kalb ar rāʿi al almāniy (m)	كلب الراعي الألمانيّ
Pudel (m)	būdli (m)	بودل
Dachshund (m)	daʃhund (m)	دشهند
Bulldogge (f)	bulduɣ (m)	بلدغ

Boxer (m)	buksir (m)	بوكسر
Mastiff (m)	mastīf (m)	ماستيف
Rottweiler (m)	rut vāylir (m)	روت فايلر
Dobermann (m)	dubirmān (m)	دوبرمان
Basset (m)	bāsit (m)	باسيت
Bobtail (m)	bubteyl (m)	بوبتيل
Dalmatiner (m)	kalb dalmāsiy (m)	كلب دلماسي
Cocker-Spaniel (m)	kukkir spaniil (m)	كوكر سبانييل
Neufundländer (m)	nyu faundland (m)	نيوفاوندلاند
Bernhardiner (m)	san birnār (m)	سنبرنار
Eskimohund (m)	haski (m)	هاسكي
Chow-Chow (m)	tʃaw tʃaw (m)	تشاوتشاو
Spitz (m)	ʃbītz (m)	شبيتز
Mops (m)	bāk (m)	باك

178. Tierlaute

Gebell (n)	nubāḥ (m)	نباح
bellen (vi)	nabaḥ	نبح
miauen (vi)	mā'	ماء
schnurren (Katze)	χarχar	خرخر
muhen (vi)	χār	خار
brüllen (Stier)	χār	خار
knurren (Hund usw.)	damdam	دمدم
Heulen (n)	ʿuwā' (m)	عواء
heulen (vi)	ʿawa	عوى
winseln (vi)	ʿawa	عوى
meckern (Ziege)	ma'ma'	مأمأ
grunzen (vi)	qabaʿ	قبع
kreischen (vi)	ṣāḥ	صاح
quaken (vi)	naqq	نقّ
summen (Insekt)	ṭann	طنّ
zirpen (vi)	zaqzaq	زقزق

179. Vögel

Vogel (m)	ṭā'ir (m)	طائر
Taube (f)	ḥamāma (f)	حمامة
Spatz (m)	ʿuṣfūr (m)	عصفور
Meise (f)	qurquf (m)	قرقف
Elster (f)	ʿaqʿaq (m)	عقعق
Rabe (m)	ɣurāb aswad (m)	غراب أسود
Krähe (f)	ɣurāb (m)	غراب
Dohle (f)	zāɣ (m)	زاغ

Saatkrähe (f)	ɣurāb al qayẓ (m)	غراب القيظ
Ente (f)	baṭṭa (f)	بطّة
Gans (f)	iwazza (f)	إوزّة
Fasan (m)	tadarruʒ (m)	تدرج
Adler (m)	nasr (m)	نسر
Habicht (m)	bāz (m)	باز
Falke (m)	ṣaqr (m)	صقر
Greif (m)	raχam (m)	رخم
Kondor (m)	kundūr (m)	كندور
Schwan (m)	timma (m)	تمّة
Kranich (m)	kurkiy (m)	كركي
Storch (m)	laqlaq (m)	لقلق
Papagei (m)	babaɣā' (m)	ببغاء
Kolibri (m)	ṭannān (m)	طنّان
Pfau (m)	ṭāwūs (m)	طاووس
Strauß (m)	na'āma (f)	نعامة
Reiher (m)	balaʃūn (m)	بلشون
Flamingo (m)	nuḥām wardiy (m)	نحامورديّ
Pelikan (m)	baʒa'a (f)	بجعة
Nachtigall (f)	bulbul (m)	بلبل
Schwalbe (f)	sunūnū (m)	سنونو
Drossel (f)	sumna (m)	سمنة
Singdrossel (f)	summuna muɣarrida (m)	سمنة مغرّدة
Amsel (f)	ʃaḥrūr aswad (m)	شحرور أسود
Segler (m)	samāma (m)	سمامة
Lerche (f)	qubbara (f)	قبّرة
Wachtel (f)	sammān (m)	سمّان
Specht (m)	naqqār al χaʃab (m)	نقّار الخشب
Kuckuck (m)	waqwāq (m)	وقواق
Eule (f)	būma (f)	بومة
Uhu (m)	būm urāsiy (m)	بوم أوراسيّ
Auerhahn (m)	dīk il χalanʒ (m)	ديك الخلنج
Birkhahn (m)	ṭayhūʒ aswad (m)	طيهوج أسود
Rebhuhn (n)	ḥaʒal (m)	حجل
Star (m)	zurzūr (m)	زرزور
Kanarienvogel (m)	kanāriy (m)	كناريّ
Haselhuhn (n)	ṭayhūʒ il bunduq (m)	طيهوج البندق
Buchfink (m)	ʃurʃūr (m)	شرشور
Gimpel (m)	diɣnāʃ (m)	دغناش
Möwe (f)	nawras (m)	نورس
Albatros (m)	al qaṭras (m)	القطرس
Pinguin (m)	biṭrīq (m)	بطريق

180. Vögel. Gesang und Laute

singen (vt)	ɣanna	غنّى
schreien (vi)	nāda	نادى
kikeriki schreien	ṣāḥ	صاح
kikeriki	kukukuku	كوكوكوكو
gackern (vi)	qaraq	قرق
krächzen (vi)	naʿaq	نعق
schnattern (Ente)	baṭbaṭ	بطبط
piepsen (vi)	ṣaʾṣaʾ	صأصأ
zwitschern (vi)	zaqzaq	زقزق

181. Fische. Meerestiere

Brachse (f)	abramīs (m)	أبراميس
Karpfen (m)	ʃabbūṭ (m)	شبّوط
Barsch (m)	farχ (m)	فرخ
Wels (m)	qarmūṭ (m)	قرموط
Hecht (m)	samak al karāki (m)	سمك الكراكي
Lachs (m)	salmūn (m)	سلمون
Stör (m)	ḥafʃ (m)	حفش
Hering (m)	rinʒa (f)	رنجة
atlantische Lachs (m)	salmūn aṭlasiy (m)	سلمون أطلسيّ
Makrele (f)	usqumriy (m)	أسقمريّ
Scholle (f)	samak mufalṭaḥ (f)	سمك مفلطح
Zander (m)	samak sandar (m)	سمك سندر
Dorsch (m)	qudd (m)	قدّ
Tunfisch (m)	tūna (f)	تونة
Forelle (f)	salmūn muraqqaṭ (m)	سلمون مرقّط
Aal (m)	ḥankalīs (m)	حنكليس
Zitterrochen (m)	raʿʿād (m)	رعّاد
Muräne (f)	murāy (m)	موراي
Piranha (m)	birāna (f)	بيرانا
Hai (m)	qirʃ (m)	قرش
Delfin (m)	dilfīn (m)	دلفين
Wal (m)	ḥūt (m)	حوت
Krabbe (f)	salṭaʿūn (m)	سلطعون
Meduse (f)	qindīl al baḥr (m)	قنديل البحر
Krake (m)	uχṭubūṭ (m)	أخطبوط
Seestern (m)	naʒmat al baḥr (f)	نجمة البحر
Seeigel (m)	qumfuð al baḥr (m)	قنفذ البحر
Seepferdchen (n)	ḥiṣān al baḥr (m)	فرس البحر
Auster (f)	maḥār (m)	محار
Garnele (f)	ʒambari (m)	جمبريّ

Hummer (m)	istakūza (f)	إستكوزا
Languste (f)	karkand ʃāik (m)	كركند شائك

182. Amphibien Reptilien

Schlange (f)	θuʻbān (m)	ثعبان
Gift-, giftig	sāmm	سامّ
Viper (f)	afʻa (f)	أفعى
Kobra (f)	kūbra (m)	كوبرا
Python (m)	biθūn (m)	بيثون
Boa (f)	buwāʾ (f)	بواء
Ringelnatter (f)	θuʻbān al ʻuʃb (m)	ثعبان العشب
Klapperschlange (f)	afʻa al ʒalʒala (f)	أفعى الجلجلة
Anakonda (f)	anakūnda (f)	أناكوندا
Eidechse (f)	siḥliyya (f)	سحليّة
Leguan (m)	iɣwāna (f)	إغوانة
Waran (m)	waral (m)	ورل
Salamander (m)	samandar (m)	سمندر
Chamäleon (n)	ḥirbāʾ (f)	حرباء
Skorpion (m)	ʻaqrab (m)	عقرب
Schildkröte (f)	sulaḥfāt (f)	سلحفاة
Frosch (m)	ḍifḍaʻ (m)	ضفدع
Kröte (f)	ḍifḍaʻ aṭ ṭīn (m)	ضفدع الطين
Krokodil (n)	timsāḥ (m)	تمساح

183. Insekten

Insekt (n)	ḥaʃara (f)	حشرة
Schmetterling (m)	farāʃa (f)	فراشة
Ameise (f)	namla (f)	نملة
Fliege (f)	ðubāba (f)	ذبابة
Mücke (f)	namūsa (f)	ناموسة
Käfer (m)	χunfusa (f)	خنفسة
Wespe (f)	dabbūr (m)	دبّور
Biene (f)	naḥla (f)	نحلة
Hummel (f)	naḥla ṭannāna (f)	نحلة طنّانة
Bremse (f)	naʻra (f)	نعرة
Spinne (f)	ʻankabūt (m)	عنكبوت
Spinnennetz (n)	nasīʒ ʻankabūt (m)	نسيج عنكبوت
Libelle (f)	yaʻsūb (m)	يعسوب
Grashüpfer (m)	ʒarād (m)	جراد
Schmetterling (m)	ʻitta (f)	عتّة
Schabe (f)	ṣurṣūr (m)	صرصور
Zecke (f)	qurāda (f)	قرادة

Floh (m)	buryūθ (m)	برغوث
Kriebelmücke (f)	baʿūḍa (f)	بعوضة
Heuschrecke (f)	ʒarād (m)	جراد
Schnecke (f)	ḥalzūn (m)	حلزون
Heimchen (n)	ṣarrār al layl (m)	صرّار الليل
Leuchtkäfer (m)	yarāʿa muḍīʾa (f)	يراعة مضيئة
Marienkäfer (m)	daʿsūqa (f)	دعسوقة
Maikäfer (m)	χunfusa kabīra (f)	خنفسة كبيرة
Blutegel (m)	ʿalaqa (f)	علقة
Raupe (f)	yasrūʿ (m)	يسروع
Wurm (m)	dūda (f)	دودة
Larve (f)	yaraqa (f)	يرقة

184. Tiere. Körperteile

Schnabel (m)	minqār (m)	منقار
Flügel (pl)	aʒniḥa (pl)	أجنحة
Fuß (m)	riʒl (f)	رجل
Gefieder (n)	rīʃ (m)	ريش
Feder (f)	rīʃa (f)	ريشة
Haube (f)	tāʒ (m)	تاج
Kiemen (pl)	χayāʃīm (pl)	خياشيم
Laich (m)	bayḍ as samak (pl)	بيض السمك
Larve (f)	yaraqa (f)	يرقة
Flosse (f)	ziʿnifa (f)	زعنفة
Schuppe (f)	ḥarāfiʃ (pl)	حرافش
Stoßzahn (m)	nāb (m)	ناب
Pfote (f)	qadam (f)	قدم
Schnauze (f)	χaṭm (m)	خطم
Rachen (m)	fam (m)	فم
Schwanz (m)	ðayl (m)	ذيل
Barthaar (n)	ʃawārib (pl)	شوارب
Huf (m)	ḥāfir (m)	حافر
Horn (n)	qarn (m)	قرن
Panzer (m)	dirʿ (m)	درع
Muschel (f)	maḥāra (f)	محارة
Schale (f)	qiʃrat bayḍa (f)	قشرة بيضة
Fell (n)	ʃaʿr (m)	شعر
Haut (f)	ʒild (m)	جلد

185. Tiere. Lebensräume

Lebensraum (f)	mawṭin (m)	موطن
Wanderung (f)	hiʒra (f)	هجرة
Berg (m)	ʒabal (m)	جبل

Riff (n)	ʃiʻāb (pl)	شعاب
Fels (m)	ʒurf (m)	جرف
Wald (m)	ɣāba (f)	غابة
Dschungel (m, n)	adɣāl (pl)	أدغال
Savanne (f)	savānna (f)	سافانّا
Tundra (f)	tundra (f)	تندرا
Steppe (f)	sahb (m)	سهب
Wüste (f)	ṣaḥrā' (f)	صحراء
Oase (f)	wāḥa (f)	واحة
Meer (n), See (f)	baḥr (m)	بحر
See (m)	buḥayra (f)	بحيرة
Ozean (m)	muḥīṭ (m)	محيط
Sumpf (m)	mustanqaʻ (m)	مستنقع
Süßwasser-	al miyāh al ʻaðba	المياه العذبة
Teich (m)	birka (f)	بركة
Fluss (m)	nahr (m)	نهر
Höhle (f), Bau (m)	wakr (m)	وكر
Nest (n)	ʻuʃʃ (m)	عشّ
Höhlung (f)	ʒawf (m)	جوف
Loch (z.B. Wurmloch)	ʒuḥr (m)	جحر
Ameisenhaufen (m)	ʻuʃʃ naml (m)	عشّ نمل

Flora

186. Bäume

Baum (m)	ʃaʒara (f)	شجرة
Laub-	nafḍiyya	نفضيّة
Nadel-	ṣanawbariyya	صنوبريّة
immergrün	dā'imat al χuḍra	دائمة الخضرة
Apfelbaum (m)	ʃaʒarat tuffāḥ (f)	شجرة تفّاح
Birnbaum (m)	ʃaʒarat kummaθra (f)	شجرة كمّثرى
Kirschbaum (m)	ʃaʒarat karaz (f)	شجرة كرز
Pflaumenbaum (m)	ʃaʒarat barqūq (f)	شجرة برقوق
Birke (f)	batūla (f)	بتولا
Eiche (f)	ballūṭ (f)	بلّوط
Linde (f)	ʃaʒarat zayzafūn (f)	شجرة زيزفون
Espe (f)	ḥawr raʒrāʒ (m)	حور رجراج
Ahorn (m)	qayqab (f)	قيقب
Fichte (f)	ratinaʒ (f)	راتينج
Kiefer (f)	ṣanawbar (f)	صنوبر
Lärche (f)	arziyya (f)	أرزيّة
Tanne (f)	tannūb (f)	تنّوب
Zeder (f)	arz (f)	أرز
Pappel (f)	ḥawr (f)	حور
Vogelbeerbaum (m)	ɣubayrā' (f)	غبيراء
Weide (f)	ṣafsāf (f)	صفصاف
Erle (f)	ʒār il mā' (m)	جار الماء
Buche (f)	zān (m)	زان
Ulme (f)	dardār (f)	دردار
Esche (f)	marān (f)	مران
Kastanie (f)	kastanā' (f)	كستناء
Magnolie (f)	maɣnūliya (f)	مغنوليا
Palme (f)	naχla (f)	نخلة
Zypresse (f)	sarw (f)	سرو
Mangrovenbaum (m)	ayka sāḥiliyya (f)	أيكة ساحليّة
Baobab (m)	bāubāb (f)	باوباب
Eukalyptus (m)	ukaliptus (f)	أوكالبتوس
Mammutbaum (m)	siqūya (f)	سيكويا

187. Büsche

Strauch (m)	ʃuʒayra (f)	شجيرة
Gebüsch (n)	ʃuʒayrāt (pl)	شجيرات

Weinstock (m)	karma (f)	كرمة
Weinberg (m)	karam (m)	كرم
Himbeerstrauch (m)	tūt al ʿullayq al aḥmar (m)	توت العلّيق الأحمر
rote Johannisbeere (f)	kiʃmiʃ aḥmar (m)	كشمش أحمر
Stachelbeerstrauch (m)	ʿinab aθ θaʿlab (m)	عنب الثعلب
Akazie (f)	sanṭ (f)	سنط
Berberitze (f)	amīr barīs (m)	أمير باريس
Jasmin (m)	yāsmīn (m)	ياسمين
Wacholder (m)	ʿarʿar (m)	عرعر
Rosenstrauch (m)	ʃuʒayrat ward (f)	شجيرة ورد
Heckenrose (f)	ward ʒabaliy (m)	ورد جبليّ

188. Pilze

Pilz (m)	fuṭr (f)	فطر
essbarer Pilz (m)	fuṭr ṣāliḥ lil akl (m)	فطر صالح للأكل
Giftpilz (m)	fuṭr sāmm (m)	فطر سامّ
Hut (m)	ṭarbūʃ al fuṭr (m)	طربوش الفطر
Stiel (m)	sāq al fuṭr (m)	ساق الفطر
Steinpilz (m)	fuṭr bulīṭ ma'kūl (m)	فطر بوليط مأكول
Rotkappe (f)	fuṭr aḥmar (m)	فطر أحمر
Birkenpilz (m)	fuṭr bulīṭ (m)	فطر بوليط
Pfifferling (m)	fuṭr kwīzi (m)	فطر كويزي
Täubling (m)	fuṭr russūla (m)	فطر روسّولا
Morchel (f)	fuṭr al ɣūʃna (m)	فطر الغوشنة
Fliegenpilz (m)	fuṭr amānīt aṭ ṭā'ir as sāmm (m)	فطر أمانيت الطائر السامّ
Grüner Knollenblätterpilz	fuṭr amānīt falusyāniy as sāmm (m)	فطر أمانيت فالوسياني السامّ

189. Obst. Beeren

Frucht (f)	θamra (f)	ثمرة
Früchte (pl)	θamr (m)	ثمر
Apfel (m)	tuffāḥa (f)	تفّاحة
Birne (f)	kummaθra (f)	كمّثرى
Pflaume (f)	barqūq (m)	برقوق
Erdbeere (f)	farawla (f)	فراولة
Kirsche (f)	karaz (m)	كرز
Weintrauben (pl)	ʿinab (m)	عنب
Himbeere (f)	tūt al ʿullayq al aḥmar (m)	توت العلّيق الأحمر
schwarze Johannisbeere (f)	ʿinab aθ θaʿlab al aswad (m)	عنب الثعلب الأسود
rote Johannisbeere (f)	kiʃmiʃ aḥmar (m)	كشمش أحمر
Stachelbeere (f)	ʿinab aθ θaʿlab (m)	عنب الثعلب
Moosbeere (f)	tūt aḥmar barriy (m)	توت أحمر برّيّ

Apfelsine (f)	burtuqāl (m)	برتقال
Mandarine (f)	yūsufiy (m)	يوسفي
Ananas (f)	ananās (m)	أناناس
Banane (f)	mawz (m)	موز
Dattel (f)	tamr (m)	تمر
Zitrone (f)	laymūn (m)	ليمون
Aprikose (f)	miʃmiʃ (f)	مشمش
Pfirsich (m)	durrāq (m)	دراق
Kiwi (f)	kiwi (m)	كيوي
Grapefruit (f)	zinbāʿ (m)	زنباع
Beere (f)	ḥabba (f)	حبّة
Beeren (pl)	ḥabbāt (pl)	حبّات
Preiselbeere (f)	ʿinab aθ θawr (m)	عنب الثور
Walderdbeere (f)	farāwla barriyya (f)	فراولة برّيّة
Heidelbeere (f)	ʿinab al aḥrāʒ (m)	عنب الأحراج

190. Blumen. Pflanzen

Blume (f)	zahra (f)	زهرة
Blumenstrauß (m)	bāqat zuhūr (f)	باقة زهور
Rose (f)	warda (f)	وردة
Tulpe (f)	tulīb (f)	توليب
Nelke (f)	qurumful (m)	قرنفل
Gladiole (f)	dalbūθ (f)	دلبوث
Kornblume (f)	turunʃāh (m)	ترنشاه
Glockenblume (f)	ʒarīs (m)	جريس
Löwenzahn (m)	hindibāʾ (f)	هندباء
Kamille (f)	babunʒ (m)	بابونج
Aloe (f)	aluwwa (m)	ألوّة
Kaktus (m)	ṣabbār (m)	صبّار
Gummibaum (m)	tīn (m)	تين
Lilie (f)	sawsan (m)	سوسن
Geranie (f)	ibrat ar rāʿi (f)	إبرة الراعي
Hyazinthe (f)	zanbaq (f)	زنبق
Mimose (f)	mimūza (f)	ميموزا
Narzisse (f)	narʒis (f)	نرجس
Kapuzinerkresse (f)	abu χanʒar (f)	أبو خنجر
Orchidee (f)	saḥlab (f)	سحلب
Pfingstrose (f)	fawniya (f)	فاوانيا
Veilchen (n)	banafsaʒ (f)	بنفسج
Stiefmütterchen (n)	banafsaʒ muθallaθ (m)	بنفسج مثلّث
Vergissmeinnicht (n)	ʾāðān al faʾr (pl)	آذان الفأر
Gänseblümchen (n)	uqḥuwān (f)	أقحوان
Mohn (m)	χaʃχāʃ (f)	خشخاش
Hanf (m)	qinnab (m)	قنب

Minze (f)	naʿnāʿ (m)	نعناع
Maiglöckchen (n)	sawsan al wādi (m)	سوسن الوادي
Schneeglöckchen (n)	zahrat al laban (f)	زهرة اللبن
Brennnessel (f)	qarrāṣ (m)	قرّاص
Sauerampfer (m)	ḥammāḍ (m)	حمّاض
Seerose (f)	nilūfar (m)	نيلوفر
Farn (m)	saraχs (m)	سرخس
Flechte (f)	uʃna (f)	أشنة
Gewächshaus (n)	dafīʾa (f)	دفيئة
Rasen (m)	ʿuʃb (m)	عشب
Blumenbeet (n)	ʒunaynat zuhūr (f)	جنينة زهور
Pflanze (f)	nabāt (m)	نبات
Gras (n)	ʿuʃb (m)	عشب
Grashalm (m)	ʿuʃba (f)	عشبة
Blatt (n)	waraqa (f)	ورقة
Blütenblatt (n)	waraqat az zahra (f)	ورقة الزهرة
Stiel (m)	sāq (f)	ساق
Knolle (f)	darnat nabāt (f)	درنة نبات
Jungpflanze (f)	nabta saɣīra (f)	نبتة صغيرة
Dorn (m)	ʃawka (f)	شوكة
blühen (vi)	nawwar	نوّر
welken (vi)	ðabal	ذبل
Geruch (m)	rāʾiḥa (f)	رائحة
abschneiden (vt)	qaṭaʿ	قطع
pflücken (vt)	qaṭaf	قطف

191. Getreide, Körner

Getreide (n)	ḥubūb (pl)	حبوب
Getreidepflanzen (pl)	maḥāṣīl al ḥubūb (pl)	محاصيل الحبوب
Ähre (f)	sumbula (f)	سنبلة
Weizen (m)	qamḥ (m)	قمح
Roggen (m)	ʒāwdār (m)	جاودار
Hafer (m)	ʃūfān (m)	شوفان
Hirse (f)	duχn (m)	دخن
Gerste (f)	ʃaʿīr (m)	شعير
Mais (m)	ðura (f)	ذرّة
Reis (m)	urz (m)	أرز
Buchweizen (m)	ḥinṭa sawdāʾ (f)	حنطة سوداء
Erbse (f)	bisilla (f)	بسلّة
weiße Bohne (f)	faṣūliya (f)	فاصوليا
Sojabohne (f)	fūl aṣ ṣūya (m)	فول الصويا
Linse (f)	ʿadas (m)	عدس
Bohnen (pl)	fūl (m)	فول

REGIONALE GEOGRAPHIE

Länder. Nationalitäten

192. Politik. Regierung. Teil 1

Politik (f)	siyāsa (f)	سياسة
politisch	siyāsiy	سياسيّ
Politiker (m)	siyāsiy (m)	سياسي
Staat (m)	dawla (f)	دولة
Bürger (m)	muwāṭin (m)	مواطن
Staatsbürgerschaft (f)	ʒinsiyya (f)	جنسيّة
Staatswappen (n)	ʃiʿār waṭaniy (m)	شعار وطنيّ
Nationalhymne (f)	naʃīd waṭaniy (m)	نشيد وطنيّ
Regierung (f)	ḥukūma (f)	حكومة
Staatschef (m)	ra's ad dawla (m)	رأس الدولة
Parlament (n)	barlamān (m)	برلمان
Partei (f)	ḥizb (m)	حزب
Kapitalismus (m)	ra'smāliyya (f)	رأسماليّة
kapitalistisch	ra'smāliy	رأسماليّ
Sozialismus (m)	iʃtirākiyya (f)	إشتراكيّة
sozialistisch	iʃtirākiy	إشتراكيّ
Kommunismus (m)	ʃuyūʿiyya (f)	شيوعيّة
kommunistisch	ʃuyūʿiy	شيوعيّ
Kommunist (m)	ʃuyūʿiy (m)	شيوعي
Demokratie (f)	dimuqraṭiyya (f)	ديموقراطيّة
Demokrat (m)	dimuqrāṭiy (m)	ديموقراطيّ
demokratisch	dimuqrāṭiy	ديموقراطيّ
demokratische Partei (f)	al ḥizb ad dimukrāṭiy (m)	الحزب الديموقراطيّ
Liberale (m)	libirāliy (m)	ليبراليّ
liberal	libirāliy	ليبراليّ
Konservative (m)	muḥāfiẓ (m)	محافظ
konservativ	muḥāfiẓ	محافظ
Republik (f)	ʒumhūriyya (f)	جمهوريّة
Republikaner (m)	ʒumhūriy (m)	جمهوريّ
Republikanische Partei (f)	al ḥizb al ʒumhūriy (m)	الحزب الجمهوريّ
Wahlen (pl)	intiχābāt (pl)	إنتخابات
wählen (vt)	intaχab	إنتخب
Wähler (m)	nāχib (m)	ناخب

Wahlkampagne (f)	ḥamla intiχābiyya (f)	حملة إنتخابيّة
Abstimmung (f)	taṣwīt (m)	تصويت
abstimmen (vi)	ṣawwat	صوّت
Abstimmungsrecht (n)	ḥaqq al intiχāb (m)	حقّ الإنتخاب
Kandidat (m)	muraʃʃaḥ (m)	مرشّح
kandidieren (vi)	raʃʃaḥ nafsahu	رشّح نفسه
Kampagne (f)	ḥamla (f)	حملة
Oppositions-	mu'āriḍ	معارض
Opposition (f)	mu'āraḍa (f)	معارضة
Besuch (m)	ziyāra (f)	زيارة
Staatsbesuch (m)	ziyāra rasmiyya (f)	زيارة رسميّة
international	duwaliy	دوليّ
Verhandlungen (pl)	mubāḥaθāt (pl)	مباحثات
verhandeln (vi)	aʒra mubāḥaθāt	أجرى مباحثات

193. Politik. Regierung. Teil 2

Gesellschaft (f)	muʒtama' (m)	مجتمع
Verfassung (f)	dustūr (m)	دستور
Macht (f)	sulṭa (f)	سلطة
Korruption (f)	fasād (m)	فساد
Gesetz (n)	qānūn (m)	قانون
gesetzlich (Adj)	qānūniy	قانونيّ
Gerechtigkeit (f)	'adāla (f)	عدالة
gerecht	'ādil	عادل
Komitee (n)	laʒna (f)	لجنة
Gesetzentwurf (m)	maʃrū' qānūn (m)	مشروع قانون
Budget (n)	mīzāniyya (f)	ميزانيّة
Politik (f)	siyāsa (f)	سياسة
Reform (f)	iṣlāḥ (m)	إصلاح
radikal	radikāliy	راديكاليّ
Macht (f)	quwwa (f)	قوّة
mächtig (Adj)	qawiy	قويّ
Anhänger (m)	mu'ayyid (m)	مؤيّد
Einfluss (m)	ta'θīr (m)	تأثير
Regime (n)	niẓām ḥukm (m)	نظام حكم
Konflikt (m)	χilāf (m)	خلاف
Verschwörung (f)	mu'āmara (f)	مؤامرة
Provokation (f)	istifzāz (m)	إستفزاز
stürzen (vt)	asqaṭ	أسقط
Sturz (m)	isqāṭ (m)	إسقاط
Revolution (f)	θawra (f)	ثورة
Staatsstreich (m)	inqilāb (m)	إنقلاب
Militärputsch (m)	inqilāb 'askariy (m)	انقلاب عسكريّ

Krise (f)	azma (f)	أزمة
Rezession (f)	rukūd iqtiṣādiy (m)	ركود إقتصاديّ
Demonstrant (m)	mutaẓāhir (m)	متظاهر
Demonstration (f)	muẓāhara (f)	مظاهرة
Ausnahmezustand (m)	al aḥkām al ʿurfiyya (pl)	الأحكام العرفيّة
Militärbasis (f)	qaʿida ʿaskariyya (f)	قاعدة عسكريّة
Stabilität (f)	istiqrār (m)	إستقرار
stabil	mustaqirr	مستقرّ
Ausbeutung (f)	istiɣlāl (m)	إستغلال
ausbeuten (vt)	istaɣall	إستغلّ
Rassismus (m)	ʿunṣuriyya (f)	عنصريّة
Rassist (m)	ʿunṣuriy (m)	عنصريّ
Faschismus (m)	fāʃiyya (f)	فاشيّة
Faschist (m)	fāʃiy (m)	فاشيّ

194. Länder. Verschiedenes

Ausländer (m)	aʒnabiy (m)	أجنبيّ
ausländisch	aʒnabiy	أجنبيّ
im Ausland	fil χāriʒ	في الخارج
Auswanderer (m)	nāziḥ (m)	نازح
Auswanderung (f)	nuziḥ (m)	نزوح
auswandern (vi)	nazūḥ	نزح
Westen (m)	al ɣarb (m)	الغرب
Osten (m)	aʃ ʃarq (m)	الشرق
Ferner Osten (m)	aʃ ʃarq al aqṣa (m)	الشرق الأقصى
Zivilisation (f)	ḥaḍāra (f)	حضارة
Menschheit (f)	al baʃariyya (f)	البشريّة
Welt (f)	al ʿālam (m)	العالم
Frieden (m)	salām (m)	سلام
Welt-	ʿālamiy	عالميّ
Heimat (f)	waṭan (m)	وطن
Volk (n)	ʃaʿb (m)	شعب
Bevölkerung (f)	sukkān (pl)	سكّان
Leute (pl)	nās (pl)	ناس
Nation (f)	umma (f)	أمّة
Generation (f)	ʒīl (m)	جيل
Territorium (n)	arḍ (f)	أرض
Region (f)	mintaqa (f)	منطقة
Staat (z.B. ~ Alaska)	wilāya (f)	ولاية
Tradition (f)	taqlīd (m)	تقليد
Brauch (m)	ʿāda (f)	عادة
Ökologie (f)	ʿilm al bīʾa (m)	علم البيئة
Indianer (m)	hindiy aḥmar (m)	هنديّ أحمر
Zigeuner (m)	ɣaʒariy (m)	غجريّ

Zigeunerin (f)	ɣaʒariyya (f)	غجريّة
Zigeuner-	ɣaʒariy	غجريّ
Reich (n)	imbiraṭuriyya (f)	امبراطوريّة
Kolonie (f)	mustaʿmara (f)	مستعمرة
Sklaverei (f)	ʿubūdiyya (f)	عبوديّة
Einfall (m)	ɣazw (m)	غزو
Hunger (m)	maʒāʿa (f)	مجاعة

195. Wichtige Religionsgruppen. Konfessionen

Religion (f)	dīn (m)	دين
religiös	dīniy	دينيّ
Glaube (m)	ʾīmān (m)	إيمان
glauben (vt)	ʾāman	آمن
Gläubige (m)	muʾmin (m)	مؤمن
Atheismus (m)	al ilḥād (m)	الإلحاد
Atheist (m)	mulḥid (m)	ملحد
Christentum (n)	al masīḥiyya (f)	المسيحيّة
Christ (m)	masīḥiy (m)	مسيحيّ
christlich	masīḥiy	مسيحيّ
Katholizismus (m)	al kaθūlikiyya (f)	الكاثوليكيّة
Katholik (m)	kaθulīkiy (m)	كاثوليكيّ
katholisch	kaθulīkiy	كاثوليكيّ
Protestantismus (m)	al brutistantiyya (f)	البروتستانتية
Protestantische Kirche (f)	al kanīsa al brutistantiyya (f)	الكنيسة البروتستانتيّة
Protestant (m)	brutistantiy (m)	بروتستانتيّ
Orthodoxes Christentum (n)	urθuðuksiyya (f)	الأرثوذكسيّة
Orthodoxe Kirche (f)	al kanīsa al urθuðuksiyya (f)	الكنيسة الأرثوذكسيّة
orthodoxer Christ (m)	urθuðuksiy (m)	أرثوذكسيّ
Presbyterianismus (m)	maʃīχiyya (f)	المشيخيّة
Presbyterianische Kirche (f)	al kanīsa al maʃīχiyya (f)	الكنيسة المشيخيّة
Presbyterianer (m)	maʃīχiy (m)	مشيخيّ
Lutherische Kirche (f)	al kanīsa al luθiriyya (f)	الكنيسة اللوثريّة
Lutheraner (m)	luθiriy (m)	لوثريّ
Baptismus (m)	al kanīsa al maʿmadāniyya (f)	الكنيسة المعمدانيّة
Baptist (m)	maʿmadāniy (m)	معمدانيّ
Anglikanische Kirche (f)	al kanīsa al anʒlikāniyya (f)	الكنيسة الإنجليكانيّة
Anglikaner (m)	anʒlikāniy (m)	أنجليكانيّ
Mormonismus (m)	al murumūniyya (f)	المورمونيّة
Mormone (m)	masīḥiy murmūn (m)	مسيحيّ مرمون
Judentum (n)	al yahūdiyya (f)	اليهودية
Jude (m)	yahūdiy (m)	يهوديّ

Buddhismus (m)	al būðiyya (f)	البوذيّة
Buddhist (m)	būðiy (m)	بوذيّ
Hinduismus (m)	al hindūsiyya (f)	الهندوسيّة
Hindu (m)	hindūsiy (m)	هندوسيّ
Islam (m)	al islām (m)	الإسلام
Moslem (m)	muslim (m)	مسلم
moslemisch	islāmiy	إسلاميّ
Schiismus (m)	al maðhab aʃ ʃīʿiy (m)	المذهب الشيعيّ
Schiit (m)	ʃīʿiy (m)	شيعيّ
Sunnismus (m)	al maðhab as sunniy (m)	المذهب السنّيّ
Sunnit (m)	sunniy (m)	سنّيّ

196. Religionen. Priester

Priester (m)	qissīs (m), kāhin (m)	قسّيس, كاهن
Papst (m)	al bāba (m)	البابا
Mönch (m)	rāhib (m)	راهب
Nonne (f)	rāhiba (f)	راهبة
Pfarrer (m)	qissīs (m)	قسّيس
Abt (m)	raʾīs ad dayr (m)	رئيس الدير
Vikar (m)	viqār (m)	فيقار
Bischof (m)	usquf (m)	أسقف
Kardinal (m)	kardināl (m)	كاردينال
Prediger (m)	tabʃīr (m)	تبشير
Predigt (f)	χuṭba (f)	خطبة
Gemeinde (f)	raʿiyyat al abraʃiyya (f)	رعية الأبرشيّة
Gläubige (m)	muʾmin (m)	مؤمن
Atheist (m)	mulḥid (m)	ملحد

197. Glauben. Christentum. Islam

Adam	ʾādam (m)	آدم
Eva	ḥawāʾ (f)	حواء
Gott (m)	allah (m)	الله
Herr (m)	ar rabb (m)	الربّ
Der Allmächtige	al qadīr (m)	القدير
Sünde (f)	ðamb (m)	ذنب
sündigen (vi)	aðnab	أذنب
Sünder (m)	muðnib (m)	مذنب
Sünderin (f)	muðniba (f)	مذنبة
Hölle (f)	al ʒaḥīm (f)	الجحيم
Paradies (n)	al ʒanna (f)	الجنّة

Jesus	yasūʿ (m)	يسوع
Jesus Christus	yasūʿ al masīḥ (m)	يسوع المسيح
der Heiliger Geist	ar rūḥ al qudus (m)	الروح القدس
der Erlöser	al masīḥ (m)	المسيح
die Jungfrau Maria	maryam al ʿaðrāʾ (f)	مريم العذراء
Teufel (m)	aʃ ʃayṭān (m)	الشيطان
teuflisch	ʃayṭāniy	شيطانيّ
Satan (m)	aʃ ʃayṭān (m)	الشيطان
satanisch	ʃayṭāniy	شيطانيّ
Engel (m)	malāk (m)	ملاك
Schutzengel (m)	malāk ḥāris (m)	ملاك حارس
Engel(s)-	malāʾikiy	ملائكيّ
Apostel (m)	rasūl (m)	رسول
Erzengel (m)	al malak ar raʾīsiy (m)	الملك الرئيسي
Antichrist (m)	al masīḥ ad daʒʒāl (m)	المسيح الدجّال
Kirche (f)	al kanīsa (f)	الكنيسة
Bibel (f)	al kitāb al muqaddas (m)	الكتاب المقدّس
biblisch	tawrātiy	توراتيّ
Altes Testament (n)	al ʿahd al qadīm (m)	العهد القديم
Neues Testament (n)	al ʿahd al ʒadīd (m)	العهد الجديد
Evangelium (n)	inʒīl (m)	إنجيل
Heilige Schrift (f)	al kitāb al muqaddas (m)	الكتاب المقدّس
Himmelreich (n)	al ʒanna (f)	الجنّة
Gebot (n)	waṣiyya (f)	وصيّة
Prophet (m)	nabiy (m)	نبيّ
Prophezeiung (f)	nubūʾa (f)	نبوءة
Allah	allah (m)	الله
Mohammed	muḥammad (m)	محمّد
Koran (m)	al qurʾān (m)	القرآن
Moschee (f)	masʒid (m)	مسجد
Mullah (m)	mulla (m)	ملّا
Gebet (n)	ṣalāt (f)	صلاة
beten (vi)	ṣalla	صلّى
Wallfahrt (f)	ḥaʒʒ (m)	حجّ
Pilger (m)	ḥāʒʒ (m)	حاجّ
Mekka (n)	makka al mukarrama (f)	مكة المكرّمة
Kirche (f)	kanīsa (f)	كنيسة
Tempel (m)	maʿbad (m)	معبد
Kathedrale (f)	katidrāʾiyya (f)	كاتدرائيّة
gotisch	qūṭiy	قوطيّ
Synagoge (f)	kanīs maʿbad yahūdiy (m)	كنيس معبد يهوديّ
Moschee (f)	masʒid (m)	مسجد
Kapelle (f)	kanīsa saɣīra (f)	كنيسة صغيرة
Abtei (f)	dayr (m)	دير

Nonnenkloster (n)	dayr (m)	دير
Mönchskloster (n)	dayr (m)	دير
Glocke (f)	ʒaras (m)	جرس
Glockenturm (m)	burʒ al ʒaras (m)	برج الجرس
läuten (Glocken)	daqq	دقّ
Kreuz (n)	ṣalīb (m)	صليب
Kuppel (f)	qubba (f)	قبّة
Ikone (f)	'īkūna (f)	ايقونة
Seele (f)	nafs (f)	نفس
Schicksal (n)	maṣīr (m)	مصير
das Böse	ʃarr (m)	شرّ
Gute (n)	χayr (m)	خير
Vampir (m)	maṣṣāṣ dimā' (m)	مصّاص دماء
Hexe (f)	sāḥira (f)	ساحرة
Dämon (m)	ʃayṭān (m)	شيطان
Geist (m)	rūḥ (m)	روح
Sühne (f)	takfīr (m)	تكفير
sühnen (vt)	kaffar 'an	كفّر عن
Gottesdienst (m)	qaddās (m)	قدّاس
die Messe lesen	alqa χuṭba bil kanīsa	ألقى خطبة بالكنيسة
Beichte (f)	i'tirāf (m)	إعتراف
beichten (vi)	i'taraf	إعترف
Heilige (m)	qiddīs (m)	قدّيس
heilig	muqaddas (m)	مقدّس
Weihwasser (n)	mā' muqaddas (m)	ماء مقدّس
Ritual (n)	ṭuqūs (pl)	طقوس
rituell	ṭuqūsiy	طقوسيّ
Opfer (n)	ðabīḥa (f)	ذبيحة
Aberglaube (m)	χurāfa (f)	خرافة
abergläubisch	mu'min bil χurāfāt (m)	مؤمن بالخرافات
Nachleben (n)	al 'āχira (f)	الآخرة
ewiges Leben (n)	al ḥayāt al abadiyya (f)	الحياة الأبدية

VERSCHIEDENES

198. Verschiedene nützliche Wörter

Anfang (m)	bidāya (f)	بداية
Anstrengung (f)	ʒuhd (m)	جهد
Anteil (m)	ʒuz' (m)	جزء
Art (Typ, Sorte)	naw' (m)	نوع
Auswahl (f)	iχtiyār (m)	إختيار
Barriere (f)	ḥāʒiz (m)	حاجز
Basis (f)	asās (m)	أساس
Beispiel (n)	miθāl (m)	مثال
bequem (gemütlich)	murīḥ	مريح
Bilanz (f)	tawāzun (m)	توازن
Ding (n)	ʃay' (m)	شيء
dringend (Adj)	'āʒil	عاجل
dringend (Adv)	'āʒilan	عاجلًا
Effekt (m)	ta'θīr (m)	تأثير
Eigenschaft (Werkstoff~)	χaṣṣa (f)	خاصّة
Element (n)	'unṣur (m)	عنصر
Ende (n)	nihāya (f)	نهاية
Entwicklung (f)	tanmiya (f)	تنمية
Fachwort (n)	muṣṭalaḥ (m)	مصطلح
Fehler (m)	χaṭa' (m)	خطأ
Form (z.B. Kugel-)	ʃakl (m)	شكل
Fortschritt (m)	taqaddum (m)	تقدّم
Gegenstand (m)	mawḍū' (m)	موضوع
Geheimnis (n)	sirr (m)	سرّ
Grad (Ausmaß)	daraʒa (f)	درجة
Halt (m), Pause (f)	istirāḥa (f)	إستراحة
häufig (Adj)	mutakarrir (m)	متكرّر
Hilfe (f)	musā'ada (f)	مساعدة
Hindernis (n)	'aqba (f)	عقبة
Hintergrund (m)	χalfiyya (f)	خلفيّة
Ideal (n)	miθāl (m)	مثال
Kategorie (f)	fi'a (f)	فئة
Kompensation (f)	ta'wīḍ (m)	تعويض
Labyrinth (n)	tayh (m)	تيه
Lösung (Problem usw.)	ḥall (m)	حلّ
Moment (m)	laḥẓa (f)	لحظة
Nutzen (m)	manfa'a (f)	منفعة
Original (Schriftstück)	aṣl (m)	أصل
Pause (kleine ~)	istirāḥa (f)	إستراحة

Position (f)	mawqif (m)	موقف
Prinzip (n)	mabda' (m)	مبدأ
Problem (n)	muʃkila (f)	مشكلة
Prozess (m)	ʿamaliyya (f)	عمليّة
Reaktion (f)	radd fiʿl (m)	ردّ فعل
Reihe (Sie sind an der ~)	dawr (m)	دور
Risiko (n)	muχāṭara (f)	مخاطرة
Serie (f)	silsila (f)	سلسلة
Situation (f)	ḥāla (f), waḍʿ (m)	حالة, وضع
Standard-	qiyāsiy	قياسيّ
Standard (m)	qiyās (m)	قياس
Stil (m)	uslūb (m)	أسلوب
System (n)	niẓām (m)	نظام
Tabelle (f)	ʒadwal (m)	جدول
Tatsache (f)	ḥaqīqa (f)	حقيقة
Teilchen (n)	ʒuz' (m)	جزء
Tempo (n)	surʿa (f)	سرعة
Typ (m)	nawʿ (m)	نوع
Unterschied (m)	farq (m)	فرق
Ursache (z.B. Todes-)	sabab (m)	سبب
Variante (f)	ʃakl muχtalif (m)	شكل مختلف
Vergleich (m)	muqārana (f)	مقارنة
Wachstum (n)	numuww (m)	نموّ
Wahrheit (f)	ḥaqīqa (f)	حقيقة
Weise (Weg, Methode)	ṭarīqa (f)	طريقة
Zone (f)	mintaqa (f)	منطقة
Zufall (m)	ṣudfa (f)	صدفة

www.ingramcontent.com/pod-product-compliance
Lightning Source LLC
LaVergne TN
LVHW051345080426
835509LV00020BA/3288

9781787167605